Yoni Wellness Handbook

Dein Schlüssel zu tiefer Intimität, innerem Gleichgewicht
und strahlender Weiblichkeit

C000165909

Yoni Wellness Handbook

Dein Schlüssel zu tiefer Intimität, innerem Gleichgewicht und strahlender Weiblichkeit

ISBN: 9798866039920
Yoni Wellness Handbook-
Dein Schlüssel zu tiefer Intimität, innerem Gleichgewicht
und strahlender Weiblichkeit

1. Auflage 2023 Taschenbuch-Ausgabe
© 2023 Alle Rechte liegen bei Silvia von She.
Buchsatz und Umschlaggestaltung: Silvia von She
Grafiken: canva

Aktuelle Workshops & Angebote unter:
www.linktr.ee/yonimagie
Webseite: yonimagie.com
Instagram: miss_yonimagie
E-Mail: kontakt@yonimagie.com

Für dich.
Namasté.

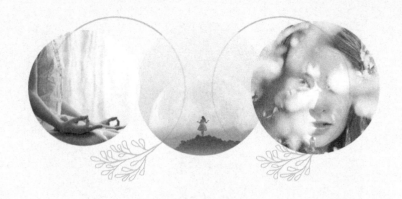

DAS ERWARTET DICH HIER

EINFÜHRUNG

Willkommen zu deiner Reise der Selbstentfaltung und Sinnlichkeit. Erfahre, wie du die Magie deiner Yoni entdecken und die Kraft der Selbstliebe in dein Leben integrieren kannst.

1. SELBSTLIEBE & EMPOWERMENT

Die Bedeutung von Selbstliebe: Entdecke, warum Selbstliebe der Schlüssel zu einem erfüllten Leben ist und wie du sie kultivieren kannst.

Tägliche Praktiken für Selbstliebe: Wie du konkrete Übungen und Rituale in deinen Alltag integrierst, um deine Selbstliebe zu stärken.

Empowerment und Selbstvertrauen: Erfahre, wie du dein Selbstvertrauen aufbaust und in deine volle Kraft trittst.

2. WIE DU GESUNDE WEIBLICHE ENERGIE KULTIVIERST

Weibliche Energie verstehen: Tauche ein in die Welt der weiblichen Energie und entdecke ihre Kraft.

Balance zwischen Yin und Yang: Lerne, wie du die Balance zwischen männlicher und weiblicher Energie im Alltag findest.

Yoni-Gesundheit und Wohlbefinden: Erhalte wertvolle Tipps und Übungen zur Förderung deiner Yoni-Gesundheit.

Zyklusbewusstsein: Wie du das Mondwissen in dein Leben einfließen lassen kannst.

3. WIE DU SINNLICHKEIT & INTIMITÄT IM ALLTAG LEBST

Sinnlichkeit im Alltag leben: Entdecke, wie du die Freude der Sinnlichkeit in dein Leben integrieren kannst.

Intimität in Beziehungen: Erhalte praktische Tipps für eine erfüllte und liebevolle Partnerschaft und Liebesbeziehung.

4. RESSOURCEN UND WEITERFÜHRENDE LITERATUR

Um deinen Alltag mit noch mehr Sinnlichkeit, Achtsamkeit und Entspannung zu bereichern und dein Wissen zu vertiefen.

Selbstliebe ist wie eine zarte Blume,
die tägliche Pflege und Aufmerksamkeit benötigt,
um zu erblühen und zu blühen.

Hallo,

und herzlich willkommen zu deiner Reise der Selbstentfaltung und des Erwachens – zu einer Reise, die darauf abzielt, das Leben in seiner ganzen Fülle und Schönheit zu erleben. Ich möchte dich zu Beginn unserer gemeinsamen Entdeckungsreise in die Welt des Yoni Wellness ganz herzlich begrüßen.

Du bist eine bemerkenswerte Frau. Mit deinem unermüdlichem Engagement und Hingabe navigierst du in der Welt des Berufs und der Karriere. Du strebst stets nach Exzellenz und setzt dir immer neue Ziele. Deine gewohnte Umgebung ist von männlicher Energie geprägt, denn du bewegst dich in einer fordernden und oft kompetitiven Welt.

Doch tief in dir spürst du, dass es noch mehr gibt. Du hast bereits einen Blick auf die Welt der Selbstliebe, des inneren Kindes und der Schattenarbeit geworfen – und du hast erkannt, dass die Reise zu dir selbst noch lange nicht abgeschlossen ist. Du bist neugierig und hungrig nach mehr, doch der Alltag hält dich oft in seinem Griff. Die ständige Betriebsamkeit lässt dir wenig Zeit, um dich selbst wirklich kennenzulernen.

Du möchtest ein erfülltes Leben führen. Du möchtest dich selbst besser verstehen, lieben und akzeptieren. Du spürst das Verlangen, ein tieferes Verständnis für deine Weiblichkeit zu entwickeln, die du vielleicht in der Hektik des Alltags manchmal vernachlässigst. Du möchtest in deinem eigenen Körper eine liebevolle Verbindung finden und ihn nicht nur optimieren, sondern vor allem akzeptieren, wie er ist.

Vielleicht hast du auch deine ganz persönlichen Herausforderungen, sei es im Verhältnis zu deiner Mutter, anderen Frauen oder in deinen Beziehungen zu Männern. Du sehnst dich nach einer starken Verbindung, nach Intimität und sexueller Erfüllung. Du möchtest dich begehrenswert fühlen und gleichzeitig stark sein.

Das ist der Anfang unserer Reise – eine Reise, die dich in deine eigene Kraft führen kann und dir hilft, deine weibliche Energie zu erkunden, Selbst- und Körperliebe zu kultivieren und eine liebevolle Verbindung zu deiner Körperin aufzubauen. Eine Reise, die dich dazu einlädt, deine wahre Stärke zu entdecken, dich selbst zu akzeptieren und zu lieben, und deinen eigenen Weg zu gehen.

Ich lade dich ein, diese Reise mit offenen Armen zu begrüßen. Gemeinsam werden wir uns auf den Weg machen, um die Magie deiner Yoni zu erkunden, um deine innere Göttin zu erwecken und um ein erfülltes, sinnliches Leben zu führen.
Bereit für den ersten Schritt?

In Liebe und Verbundenheit,
Deine Silvia von She

Die Zukunft ist weiblich.

1. Selbstliebe & Empowerment

Der Schlüssel zu einem erfüllten Leben

Selbstliebe ist keine bloße Phrase, sondern ein lebensverändernder Weg, der tief in unsere innere Welt führt. Gerade für uns ambitionierten Frauen, die oft dazu neigen, sich selbst hintenanzustellen, ist Selbstliebe von entscheidender Bedeutung.

Lass uns darüber sprechen, warum Selbstliebe der Schlüssel zu einem erfüllten Leben ist und wie sie mit unserer Yoni, unserem heiligen weiblichen Schoßraum, verbunden ist.

Innere Erfüllung

Selbstliebe bringt innere Erfüllung. Wenn wir uns selbst lieben und akzeptieren, fühlen wir uns vollständig, unabhängig von äußeren Umständen.

Entspannte Resilienz

Selbstliebe stärkt unsere Resilienz. Sie hilft uns, Herausforderungen eigenverantwortlich und mit Selbstvertrauen und innerer Stärke zu bewältigen, ohne uns als Opfer der Umstände zu fühlen.

Gesunde Beziehungen

Selbstliebe legt den Grundstein für gesunde Beziehungen. Wenn wir in Verbundenheit mit unserer Essenz sind, uns selbst lieben und akzeptieren, so wie wir sind, können wir auch andere bedingungslos lieben und unterstützen.

Selbstverwirklichung

Selbstliebe ermutigt uns, unsere wahren Leidenschaften und Träume zu verfolgen. Sie gibt uns den Mut, unser volles Potenzial auszuschöpfen.

Die Verbindung zu deiner Yoni

Die Yoni, unser heiliger weiblicher Schoßraum, ist nicht nur ein Symbol für unsere Weiblichkeit, Intuition und Kreativität. Sie ist die QUELLE unserer weiblichen Energie, Lebenslust, Kreativität, Schöpferkraft, unserer Sexualness sowie unserer Liebes- und Orgasmusfähigkeit. Die Verbindung zwischen Selbstliebe und der Yoni ist wirklich tiefgreifend:

Unsere Yoni ist ein integraler Teil unseres Körpers. Selbstliebe beinhaltet die Anerkennung und Wertschätzung unseres gesamten Körpers, einschließlich der Yoni. In vielen spirituellen Traditionen, wie dem Taoismus wird die Yoni als Energiezentrum betrachtet. Sinnliche Selbstliebe ermöglicht es uns, diese energetische Verbindung in uns zu spüren und für unsere Weiterentwicklung zu nutzen.

Selbstliebe ermutigt uns, unsere Sinnlichkeit zu erforschen und zu genießen. Sie hilft uns, uns sexy und begehrenswert zu fühlen, ohne dabei die Kontrolle zu verlieren. Diese Selbstliebe führt zur Akzeptanz unserer gesamten Weiblichkeit, einschließlich unserer emotionalen und sexuellen Aspekte. Das ist für mich echtes Empowerment.

Die Reise der Selbstliebe und die Erkundung der Yoni sind also untrennbar miteinander verbunden. Sie ermöglichen es uns, unsere innere Göttin zu erwecken, unsere weibliche Energie schamlos zu leben und ein erfülltes Leben in voller Selbstliebe zu führen.

In den kommenden Abschnitten werden wir tiefer in diese Themen eintauchen und praktische Übungen und wundervolle Rituale kennenlernen, um Selbstliebe auf tiefgreifende Weise in unser Leben zu integrieren und unsere Yoni zu ehren.

Tägliche Praktiken für deine Selbstliebe

Spiegelarbeit der Selbstakzeptanz

- Setze dich vor einen Spiegel und schaue dir selbst in die Augen oder direkt in dein linkes Auge- das Tor zur Seele.

- Sprich liebevolle Affirmationen zu dir selbst, z.B., "Ich liebe und akzeptiere mich genau so, wie ich bin."

- Beobachte, welche automatisierten Gedanken und versteckten Glaubenssätze dabei hochkommen. Oft sind es Anteile unserer inneren Kritikerin oder inneren Richterin- das bist nicht Du!

- Nimm wahr, wie sich dein inneres Selbstbild nach und nach verändert und du beginnst, die Schönheit in dir zu erkennen.

Heute
leitet mich Liebe.

Das Selbstliebe-Dankbarkeitstagebuch

- Führe ein Journal oder Tagebuch, in dem du täglich mindestens drei Dinge notierst, die du an dir selbst liebst oder für die du dankbar bist.
- Dies fördert ein positives Selbstbild und lenkt deine Aufmerksamkeit auf deine Stärken und Qualitäten.
- Stimmungsaufheller: Nutze deine Aufzeichnungen auch für Momente, in denen du dich gerade down fühlst oder nicht so happy mit dir selbst bist.

Achtsame Selbstberührung

- Nimm dir täglich einige Minuten Zeit, um deinen eigenen Körper achtsam zu berühren, z.B. auch während des Duschens.
- Verwende eine duftende Bodylotion, Handcreme oder ätherische Öle, um deine Sinne zu beleben.
- Diese einfache Praxis vertieft deine Verbindung zu deinem Körper und erweckt die Körper- und Selbstliebe.

Tägliche Affirmationen

- Wähle morgens und abends eine Selbstliebe-Affirmation, die zu dir passt, und wiederhole sie mehrmals.
- Dieses Ritual stärkt dein Selbstvertrauen sowie deine innere Überzeugung und lenkt deine Gedanken in positive Bahnen.
- Du kannst sie zusätzlich auch als inneres Mantra morgens zum Aufwachen und/ oder abends zum Einschlafen aufsagen und sie so Step by Step immer weiter verinnerlichen.

Ich bin wertvoll.

Yoga für Selbstliebe

- Mache regelmäßig Yogaübungen, die die Selbstliebe fördern, wie Herzöffner und sanfte Dehnungen.
- Yoga kann Körper, Geist und Seele verbinden und unsere Selbstliebe auf einer ganzheitlichen Ebene anheben.

Yoniatmung

- Lege deine Hände entspannt auf deinen Unterbauch und atme mehrere Male hintereinander ruhig und gelassen dorthin.
- Verbinde dich dabei bewusst mit dem Zentrum deiner Weiblichkeit und lausche in dich hinein.
- Beobachte dabei deine einströmenden Gedanken, ohne sie zu bewerten.

Ausdehnung

- Im Stress und Alltagsautopilot kontrahieren unsere Muskeln und unserer gesamter Körper und wir fühlen uns oft unwohl und eingeschränkt.
- Du kannst dir selbst und deinem Wesen mehr Raum geben, indem du dir beim Ausatmen vorstellst, dass du nach allen Seiten weit ausatmest. Mit jedem Atemzug dehnst du dich immer weiter und weiter aus.

Diese täglichen Praktiken sind wie Liebesbriefe an dich selbst. Sie erinnern dich daran, wie kostbar und wertvoll du bist. Indem du dich selbst mit Liebe und Akzeptanz umgibst, schaffst du eine solide Basis für ein erfülltes Leben und eine tiefere Verbindung zu deiner Yoni und weiblichen Energie.

Ich liebe mich so, wie ich bin.

Wie du dein Selbstvertrauen aufbaust und in deine volle Kraft trittst

Unser Selbstvertrauen ist wie ein Samenkorn, das in unserer Kindheit gepflanzt wurde und im Laufe der Zeit gewachsen ist. Die Art und Weise, wie wir in unserer frühen Entwicklung behandelt wurden, prägt oft unser Selbstvertrauen und unser Selbstbild. Doch die gute Nachricht ist, dass wir die Fähigkeit haben, unser Selbstvertrauen zu stärken und in unsere volle Kraft zu treten, unabhängig von unseren früheren Erfahrungen.

Wir können die Vergangenheit nicht ändern, doch die anhaftenden Energien davon lösen und nicht mehr in die Zukunft zu projektieren.

In diesem Abschnitt werden wir uns mit inspirierenden Übungen und Techniken beschäftigen, die dir helfen werden, dein Selbstvertrauen zu stärken und in deine volle Größe zu treten. Indem wir uns unserer prägenden Kindheitserfahrungen bewusst werden, statt sie zu verdrängen und gezielt an unserem Selbstvertrauen arbeiten, können wir uns von alten Mustern befreien und uns weiter entwickeln.

WAS KOMMT GERADE IN DIR HOCH?
NOTIERE DIR HIER DEINE GEDANKEN DAZU:

Übungen & Techniken

Visualisiere deine Stärken

Diese Übung stärkt dein Selbstvertrauen und hilft dir, dich deiner Fähigkeiten bewusst zu werden. Nimm dir Zeit, um dich hinzusetzen und über deine Stärken nachzudenken. Schließe die Augen und visualisiere, wie du in verschiedenen Lebenssituationen selbstbewusst und erfolgreich agierst.

Selbstmitgefühl

Sei liebevoll und geduldig mit dir selbst, auch wenn du Fehler machst oder Rückschläge erlebst. Selbstmitgefühl ist ein wichtiger Bestandteil von Selbstvertrauen. Hinter Ungeduld versteckt sich oft eine Art Mangeldenken und es ist Ausdruck unserer inneren Perfektionistin, die denkt, sie sei nicht gut genug. Werde dir dessen bewusst.

Ich bin manifestierte
Liebe.

Übungen & Techniken

Der Weg des Körpers

Verbinde dich mit deiner Körperin. Achte auf deine Körperhaltung. Stehe aufrecht und selbstbewusst. Entspanne deine Schultern und hebe deinen Blick. Das äußere Verhalten kann das innere Selbstvertrauen stärken, denn wenn du dich selbstbewusst bewegst, strahlst du es aus. Übe zunächst vor einem Spiegel, um authentisch zu bleiben.

Herausforderungen annehmen

Fordere dich selbst heraus und setze dir Ziele, die deine Komfortzone erweitern, jedoch nicht in einer Selbstsabotage münden. Das müssen nicht immer sportliche Ziele sein. Jedes Überwinden einer Herausforderung stärkt dein Selbstvertrauen und zeigt dir, wozu du fähig bist. Solltest du generell schon viel Sport machen, suche dir zum Ausgleich sanfte und entspannende Techniken, um in deine gesunde weibliche Energie zu kommen.

In unserer Welt sind
das Vertrauen in uns selbst und unsere
Beziehungen durch eine unsichtbare Kraft miteinander verbunden - die Liebe und Intimität. Die
spirituelle Praxis des Yoni Tantra, die die Energie der
Weiblichkeit ehrt, bietet verschiedene Übungen und eine
spezielle Liebespraxis, um das Selbstvertrauen zu stärken.
Wenn du eine liebevolle Verbindung zu deiner Yoni
aufbaust, kannst du tiefes Vertrauen in deine Weiblichkeit
und Sexualität entwickeln und dadurch deine volle Kraft
entfalten. Die Yoni-Meditation ist ein magisches Werk-
zeug, um sinnliche Selbstliebe und Selbstvertrauen zu
fördern. Sie erinnert uns daran, dass unsere Yoni ein
heiliger Ort der Weiblichkeit und Macht ist
und mit Liebe und Respekt
behandelt werden sollte.

YONI-MEDITATION

Setze dich in eine ruhige und entspannte Umgebung.

Schließe deine Augen und konzentriere dich auf deinen Atem, um zur inneren Ruhe zu finden.

Stelle dir vor, wie du eine liebevolle Verbindung zu deiner Yoni aufbaust. Visualisiere sie als einen heiligen Ort der Kraft und Weiblichkeit.

Beginne, sanft deinen Schoßraum zu massieren und spüre die liebevolle Verbindung zu dir selbst. Dies ist keine sexuelle Handlung, sondern ein Akt der Selbstliebe und Selbstachtung.

Während du diese Yoni-Meditation praktizierst, sage dir selbst positive Affirmationen, die dein Selbstvertrauen stärken, wie "Ich bin stark und selbstbewusst" oder "Ich liebe und akzeptiere mich genau so, wie ich bin." Spüre die immer tiefer werdende und liebevolle Verbindung zu dir.

Ich wähle
mich.

2. WIE DU GESUNDE WEIBLICHE ENERGIE KULTIVIERST

In einer Welt, die oft von Leistungsdenken und einem alten, patriarchischen Paradigma geprägt ist, ist es von entscheidender Bedeutung, den Weg der gesunden Weiblichkeit zu erkunden und zu umarmen. In diesem Abschnitt werden wir tief in das Verständnis der weiblichen Energie eintauchen und ihre transformative Kraft entdecken, die weit über das traditionelle Denken hinausgeht.

Old Way vs. New Way

THEN	NOW
Das Leistungsdenken	Gesunde weibliche Energie
Der alte Weg, geprägt von jahrhundertelangen gesell-schaftlichen Normen, legt den Fokus auf äußeren Erfolg, Wettbewerb und das Errei-chen von Zielen um jeden Preis.	Der neue Weg der gesunden Weiblichkeit lädt dazu ein, die weibliche Energie in ihrer vollen Pracht zu erleben und zu nutzen.
Frauen wurden meist in eine Rolle gedrängt, die ihre weibliche Natur und Energie unterdrückte, um in dieser Welt "erfolgreich" zu sein.	Es ist ein Weg der Selbstliebe, Achtsamkeit und des Mitgefühls – für sich selbst und für andere.
Dies führte oft zu einem Verlust des tiefen Selbstverständnisses und einer Entfremdung von ihrer eigenen weiblichen Essenz.	Es erkennt die Einzigartigkeit und Stärke der weiblichen Natur an, die sich oft in Empathie, Intuition und Verbindung ausdrückt.

vs.

Die transformative Kraft der weiblichen Energie

Die weibliche Energie ist
keine Schwäche; sie ist eine transformative Kraft.
Sie ermöglicht es uns, auf eine tiefere Weise zu heilen,
zu führen und zu verbinden. Wenn wir lernen, unsere weibliche
Energie zu verstehen und zu nutzen, entdecken wir eine Quelle
der Stärke und Kreativität, die uns erlaubt, in unsere volle Kraft zu
treten und gleichzeitig in unserer Weiblichkeit zu blühen.

In den kommenden Abschnitten werden wir nun diese gesunde
weibliche Energie weiter erkunden und praktische Werkzeuge
und weitere Übungen kennenlernen, die es dir ermöglichen, sie in
deinem Leben zu integrieren und zu nutzen. Wir werden uns mit
Themen wie Yin und Yang, Zyklusbewusstsein und Mond- wissen
beschäftigen, um ein tieferes Verständnis der
weiblichen Energie zu entwickeln und in die
transformative Reise der gesunden
Weiblichkeit einzutreten.

Wie du weibliche Energie versiehst und ihre Kraft nutzt

Die weibliche Energie ist eine magische und transformative Kraft, die oft im Schatten der männlichen Energie steht. Um sie zu verstehen und ihre Kraft zu nutzen, müssen wir zuerst erkennen, dass weibliche Energie nicht dasselbe ist wie Schwäche. Das lässt sich nicht oft genug betonen. Sie zeigt sich in Eigenschaften wie Empathie, Intuition und Verbindungsfähigkeit, Empfangen, Fühlen, Hingabe und Loslassen. Diese Qualitäten sind nicht nur wertvoll, sondern auch unverzichtbar, um ein wirklich erfülltes Leben zu führen.

Wenn du deine weibliche Energie verstehen möchtest, beginne damit, dich selbst zu beobachten. Nimm dir Zeit für Achtsamkeit und Selbstreflexion. Welche Qualitäten und Eigenschaften drücken sich in deinem Leben aus? Wie gehst du mit deinen Gefühlen und deiner Intuition um? Indem du dich selbst besser verstehst, kannst du deine weibliche Energie bewusster lenken.

Wie du die Balance zwischen Yin und Yang findest

Die chinesische Philosophie des Yin und Yang beschreibt das Gleichgewicht und die Polarität von Energien. Yin repräsentiert die weibliche, passive Energie, während Yang die männliche, aktive Energie symbolisiert. In einem ausgewogenen Leben sollten diese Energien harmonisch koexistieren, wobei es nicht um eine 50/50 Aufteilung geht. Als Frau darfst und solltest du dir erlauben, mehr in deiner natürlichen YIN-Energie zu schwingen.

Finde heraus, wie du die Balance zwischen Yin und Yang in deinem Leben herstellen kannst. Dies kann bedeuten, dass du dir Zeit für Ruhe und Selbstpflege nimmst, um dein Yin zu stärken, wenn du normalerweise im Yang-Modus arbeitest. Oder es kann bedeuten, dass du mutigere Schritte unternimmst, um dein Yang zu stärken, wenn du dich normalerweise in der Yin-Energie verlierst. Die Balance zwischen diesen Energien kann dir ein Gefühl von Ganzheit und Harmonie vermitteln.

..und im Businessalltag

Als Frau in einer Führungsposition hast du eine einzigartige Möglichkeit, die Qualitäten von Yin und Yang zu verschmelzen und jetzt eine neue Ära der Führung mitzu-
gestalten.

Yin, symbolisiert durch Intuition, Empathie und Kreativität, verbindet sich mit Yang, repräsentiert durch Struktur, Entschlossenheit und klare Vision. In dieser Verbindung entsteht eine kraftvolle Symbiose, die Teamempowerment, Resilienz und nachhaltige Innovation fördert. Die weibliche Führungskraft liegt darin, Yin und Yang harmonisch zu vereinen. Wie das Sonnenlicht und der Mondenschein, ergänzen sich diese Energien, um transformative Führung zu ermöglichen.

Durch Intuition und klare Strategie, Empathie und durchsetzungsfähiges Handeln entstehen Visionen, die nicht nur Wachstum und Erfolg, sondern auch Wohlbefinden und Harmonie fördern.

Daily Checklist for Yin & Yang Balance

Morgendliche Meditation

Starte deinen Tag mit einer kurzen Meditation, um dich auf deine innere Balance einzustimmen. Das geht auch liegend im Bett. Lege deine Hände auf deinen Schoßraum, atme tief ein und aus und stelle dir vor, wie du die Yin-Energie in dir aktivierst.

Sanfte Bewegung

Achte darauf, dass du sowohl aktive Bewegung als auch Entspannung in deinen Tag integrierst. Morgens kannst du Yoga oder einen Spaziergang machen, um deine Yang-Energie zu aktivieren, abends sanfte Dehn- oder Atemübungen.

Zeit für dich

Plane bewusste Zeit für dich selbst ein. Das kann ein entspannendes Bad, das Lesen eines Buches oder das Hören beruhigender Musik sein. Dies gibt dir Raum, um in deine weibliche Energie einzutauchen.

Achtsame Ernährung

Achte auf deine Ernährung und wähle bewusst frisches Obst & Gemüse, die sowohl deine körperliche (Yang) als auch deine innere Balance (Yin) unterstützen.

Selbstreflexion

Nimm dir am Ende des Tages Zeit für Selbstreflexion. Überlege, wie du deine Yin- und Yang-Energien heute genutzt hast und was du morgen anders machen kannst.

Gute Nacht Routine

Bevor du schlafen gehst, praktiziere Entspannungstechniken wie (Yoni-)Atem-Übungen oder sanfte Meditation, um in einen ruhigen Schlaf zu finden.

Daily
Checklist

Diese tägliche Checkliste kann dir helfen, bewusster mit deiner weiblichen (Yin) und männlichen (Yang) Energie umzugehen und eine gesunde Balance in deinem Leben zu finden.

- [ ] Morgendliche Meditation
- [ ] Entspannte Bewegung
- [ ] Zeit für mich
- [ ] Achtsame Ernährung
- [ ] Selbstreflexion
- [ ] Gute Nacht Routine

Welche neuen Gewohnheiten möchtest du in den nächsten kommenden Wochen etablieren?

_____

_____

_____

Wie du die Gesundheit & das Wohlbefinden deiner Yoni förderst

Die Yoni mit all ihren inneren und äußeren Anteilen ist unsere Quelle der Weiblichkeit und der Lebenskraft. Um ihre Gesundheit und ihr Wohlbefinden zu fördern, und damit dein eigenes, ist es wichtig, sich regelmäßig mit ihr zu verbinden und ihr ungeteilte Aufmerksamkeit zu schenken.

Selbstuntersuchung der Yoni:
Deine Reise zur Selbstliebe und Gesundheit

Die Selbstuntersuchung der Yoni, auch als Vaginalselbstuntersuchung bekannt, ist ein wesentlicher Bestandteil der weiblichen Gesundheitspflege. Diese Praxis ermöglicht es dir, deine Yoni und ihre Veränderungen besser zu verstehen sowie frühzeitig zu erkennen und eine tiefere Verbindung zu deinem Körper herzustellen.

Warum ist die Selbstuntersuchung so wichtig?
Die Selbstuntersuchung der Yoni bietet viele Vorteile, wie zum Beispiel gesundheiteitliches Körperbewusstsein und Kontrolle. Du lernst deine Yoni und ihre normale Anatomie besser kennen und kannst Veränderungen wie Infektionen oder ungewöhnliche Symptome frühzeitig bemerken und ärztlichen Rat einholen. Außerdem übernimmst du dabei die Verantwortung für deine eigene Gesundheit und triffst fundierte Entscheidungen, wenn es um Untersuchungen und Pflege geht. Zudem trägt diese Praxis deinem Selbtbewusstsein bei und fördert ein tiefes Verständnis und eine positive Beziehung zu deinem Körper.

Hinweis: Die Selbstuntersuchung sollte immer in entspannter Umgebung und mit sauberen Händen durchgeführt werden.

Übungen & Techniken

Vorbereitung: Wasche deine Hände gründlich mit Seife und trockne sie ab. Finde eine ruhige, bequeme Umgebung, in der du dich entspannen kannst.

Positionierung: Setze dich bequem hin oder lege dich hin, wie es für dich angenehm ist. Du kannst ein Kissen unter dein Becken legen, um eine bessere Sicht und Zugänglichkeit zu ermöglichen.

Untersuchung: Beginne mit der äußeren Untersuchung. Du kannst auch einen Handspiegel benutzen. Betrachte äußere Merkmale wie Venuslippen, Venen und die Haut. Beachte, ob es Veränderungen, Ausschläge oder Schwellungen gibt.

Innere Untersuchung: Wenn du dich bereit fühlst, führe einen oder zwei Finger in die Yoni ein. Achte darauf, dass du entspannt bist. Spüre die Wände, erkunde die Textur und beobachte, ob es Empfindlichkeiten oder Schmerzen gibt.

Cervix-Untersuchung: Wenn du möchtest, kannst du die Position deines Gebärmutterhalses (Cervix) erforschen. Er kann sich während des Menstruationszyklus verändern. Achte darauf, dass du vorsichtig bist und keine Schmerzen verursachst.

Ausscheidungen: Beachte die Farbe, den Geruch und die Textur von Ausscheidungen und deines Cervix-Schleim. Veränderte Farben oder unangenehme Gerüche können auf Infektionen hinweisen.

Mentale Verbindung: Während der Untersuchung atme tief ein und erlaube dir, dich ganz auf deine Yoni zu konzentrieren. Dies ist (d)eine Zeit der Selbstliebe und Achtsamkeit.

Abschluss: Nach der Selbstuntersuchung wasche deine Hände erneut gründlich und trockne sie ab. Du kannst auch eine beruhigende Yoni-Pflege oder ein Öl auftragen.

Die Selbstuntersuchung der Yoni sollte regelmäßig durchgeführt werden, idealerweise monatlich. Dies hilft dir, Veränderungen im Laufe der Zeit zu bemerken und deinen Körper gut kennen-zulernen. Regelmäßigkeit ist DER Schlüssel!

Fazit:
Die Selbstuntersuchung der Yoni ist definitiv ein Akt der Selbstliebe und Fürsorge. Es ist eine Gelegenheit, deine Weiblichkeit wertzuschätzen und deine Gesundheit zu schützen. Es gibt verschiedene Anzeichen, auf die du achten kannst, die ich dir auf den kommenden Seiten gleich nenne. Wenn du Veränderungen bemerkst oder unsicher bist, zögere bitte nicht, einen Gesundheitsexperten zu konsultieren. Dein Körper ist ein Tempel, den es zu ehren und zu schützen gilt.

Every touch
to my Yoni is an expression of
self-love.

Deine Yoni- Spiegel deiner Gesundheit

Eine gesunde Yoni ist der Ausdruck deiner inneren Harmonie und Balance. Sie kann tatsächlich ein Spiegelbild der allgemeinen Gesundheit einer Frau sein. Es gibt verschiedene Anzeichen und Symptome, auf die wir achten können, um festzustellen, ob etwas nicht in Ordnung ist. Hier sind einige wichtige Indikatoren:

Wenn du anhaltenden *Juckreiz oder Brennen* in der Vaginalregion verspürt, könnte das auf eine Infektion wie eine Hefeinfektion oder eine sexuell übertragbare Infektion (STI) hindeuten.

Schmerzen beim Wasserlassen könnten auf eine Harnwegs- infektion hinweisen, während Schmerzen beim Geschlechts- verkehr auf verschiedene Probleme wie Trockenheit, Infektionen, emotionale/ seelische Blockaden oder eine zugrunde liegende Erkrankung hinweisen können.

Unregelmäßige Menstruationszyklen, anhaltende oder ausblei- bende Perioden können ein Zeichen für hormonelle Ungleich- gewichte durch Stress oder ernsthafte Erkrankungen wie PCOS sein, eine hormonelle Störung mit Erkrankung der Eierstöcke.

Veränderungen im Geruch- Ein ungewöhnlicher oder starker vaginaler Geruch kann auf eine Infektion hinweisen.

Schmerzen oder Schwellungen in der Vaginalregion sollten immer ernst genommen werden und können auf eine Infektion, Zysten oder andere Probleme hinweisen.

Veränderungen in der Haut oder im Gewebe: Hautveränderungen in der Vaginalregion, wie Ausschläge oder Geschwüre, sollten ärztlich abgeklärt werden. Verhärtungen oder Knoten im Bereich der Venuslippen oder der Vaginalregion sollten ebenfalls medizinisch untersucht werden.

Auffälliger Ausfluss: Veränderungen in Farbe, Geruch oder Konsistenz des Vaginalausflusses können auf eine Infektion oder ein hormonelles Ungleichgewicht hinweisen. Der Ausfluss variiert allerdings in den verschiedenen Phasen unseres Monatszyklus:

Zu Beginn der Menstruation kann der Ausfluss in der Regel blutig sein, oft mit Schleim vermischt. Dies ist völlig normal und ein Zeichen dafür, dass die Gebärmutterschleimhaut abgestoßen wird. Direkt nach der Menstruation kann der Ausfluss eher spärlich und trocken sein.

In der ersten Hälfte des Zyklus, der sogenannten Follikelphase, wird der Ausfluss oft weißlich oder milchig und kann eine dickere Konsistenz haben. Während des Eisprungs kann der Ausfluss dann klar und zäh sein, ähnlich dem Eiklar. Dies dient dazu, den Weg der Spermien zur Eizelle zu erleichtern. In der zweiten Hälfte des Zyklus, der sogenannten Lutealphase, wird der Ausfluss oft wieder weißlich oder cremig. Und kurz vor der Periode kann der Ausfluss wieder dicker und klebriger werden.

Am Ende des Buches findest du nochmal einen praktischen Überblick dazu. Es ist wichtig zu beachten, dass individuelle Unterschiede auftreten können, und nicht alle Frauen erleben diese Veränderungen in genau derselben Weise. Die *Beobachtung des Ausflusses* kann jedoch dazu beitragen, unseren eigenen Menstruationszyklus besser zu verstehen und die fruchtbaren Tage zu erkennen, wenn dies gewünscht ist.

Symptome oder Beschwerden sollten nie ignoriert werden. Wenn du Auffälligkeiten bemerkst, solltest du dich an einen Arzt/ Ärztin wenden, um eine genaue Diagnose zu erhalten. Regelmäßige gynäkologische Untersuchungen sind ebenfalls wichtig, um die vaginale Gesundheit im Auge zu behalten.

In jedem Zyklus höre ich auf die Botschaften meiner Yoni, spüre ihre Veränderungen und erkenne die Weisheit meines Körpers.

Ich pflege meine Yoni als Spiegel meiner Gesundheit, achte auf Veränderungen und schenke ihr liebevolle und zärtliche Aufmerksamkeit.

Beruhigende Yoni-Pflege

Eine beruhigende Yoni-Pflege kann zusätzlich dazu beitragen, dein körperliches und emotionales Wohlbefinden zu fördern und eine positive Verbindung zu deiner Yoni zu schaffen. Jede Frau ist unterschiedlich, und es ist wichtig, dass du deine individuellen Bedürfnisse und Empfindlichkeiten berücksichtigst. Bevor du neue Produkte oder Praktiken ausprobierst, solltest du dich im Zweifelsfall mit einem Gesundheitsexperten oder Gynäkologen beraten, um sicherzustellen, dass sie für dich geeignet sind.

Yoni-Pflege ist in jeder Lebensphase wichtig und ein wichtiger Aspekt von ganzheitlicher Yoni Wellness. Deshalb möchte ich dir hier zunächst einen kurzen Überblick geben, was wann zu beachten ist, bevor wir die einzelnen Möglichkeiten genauer betrachten werden.

Während der Menstruation
Es ist wichtig, während der Menstruation auf eine sanfte und achtsame Yoni-Pflege zu achten. Verwende während dieser Zeit keine parfümierten Produkte oder aggressive Reinigungsmittel, um Reizungen zu vermeiden. Natürliche Tampons , Perioden- unterwäsche oder Menstruationstassen können eine umweltfreundlichere Option sein als herkömmliche Tampons und Binden. Achte auf ausreichende Hygiene und Wechsel der Hygieneartikel, um Infektionen zu vermeiden.

Einige Frauen finden, dass sanfte Bauchmassagen und Wärme, wie beispielsweise eine Wärmflasche oder Kirschkernkissen vor oder während der Menstruation zur Linderung von Krämpfen beitragen können. Je mehr du jedoch mit deinem eigenen Zyklus an den natürlichen Mondzyklus angebunden bist, desto weniger treten PMS oder Periodenschmerzen auf. Wie das geht, erfährst du noch an einer anderen Stelle weiter hinten in diesem Buch.

Nutze die Zeit deiner Periode bewusst, um dich mit deiner Körperin und deiner Yoni zu verbinden. Die Menstruation ist ein sensitiver Zeitraum mit einem natürlichen Loslass- und Reinigungsprozess und kann als besondere Zeit der Selbstliebe, der Selbstfürsorge und der Manifestationskraft gesehen werden.

Während der Schwangerschaft
In der Schwangerschaft ist die Yoni-Pflege besonders wichtig, da der Körper viele Veränderungen durchmacht. Verwende sanfte, hypoallergene Produkte, um Reizungen zu vermeiden.

Halte die regelmäßigen Vorsorgeuntersuchungen bei deinem Frauenarzt ein, um sicherzustellen, dass alles in Ordnung ist. In der Schwangerschaft kann es zu vermehrtem Ausfluss kommen, was normal ist. Achte darauf, hygienische Einlagen zu verwenden, wenn nötig.

Yoga und Beckenbodenübungen können dazu beitragen, die Yoni während der Schwangerschaft zu stärken und auf die Geburt vorzubereiten.

In den Wechseljahren
Die Wechseljahre können mit Veränderungen in der Yoni-Gesundheit einhergehen, da der Östrogenspiegel abnimmt. Dies kann Trockenheit und dünnere Vaginalwände verursachen. Feuchtigkeitsspender und Gleitmittel können in den Wechseljahren hilfreich sein, um Unbehagen beim Sex zu lindern.

Die Yoni-Pflege sollte besonders sanft sein, um Reizungen zu vermeiden. Verwende milde Reinigungsmittel statt parfümierte Produkte.

Eine gesunde Ernährung und regelmäßige Bewegung können außerdem dazu beitragen, die Gesundheit deiner Yoni in den Wechseljahren zu unterstützen. Während dieser Zeit sind Selbstfürsorge und Selbstliebe besonders wichtig.

Wechseljahren können diese Phase als Zeit des Wandels und der persönlichen Transformation betrachten.

Scheidentrockenheit- Let´s talk about!
Scheidentrockenheit kann für viele Frauen und auch Paare sehr unangenehm sein, doch es gibt einige wertvolle Tipps und Ansätze, die dazu beitragen können, dieses Problem anzugehen:

Hydratation- Ausreichende Flüssigkeitszufuhr ist entscheidend. Trinke genug Wasser, um sicherzustellen, dass dein Körper gut hydratisiert ist. Dies kann dazu beitragen, die natürliche Feuchtigkeit deiner Vagina aufrechtzuerhalten.

Lubrikation- Wenn du während des Geschlechtsverkehrs oder anderer intimer Aktivitäten an Scheidentrockenheit leidest, kann die Verwendung von Gleitmitteln auf Wasserbasis zur Befeuchtung sehr hilfreich sein. Sie können die Reibung reduzieren und dein Wohlbefinden zusätzlich steigern. Ausprobieren lohnt sich!

Verwende keine synthetischen Stoffe oder reizenden oder parfümierten Produkte in der Nähe deiner Vagina, da diese die Symptome verschlimmern können. Stattdessen wähle atmungsaktive, weiche Unterwäsche und milde, hypoallergene Seifen und Waschlotionen oder einfach klares Wasser, je nachdem womit du dich am wohlsten fühlst. Ob trocken oder feuchtachte immer darauf, deine Yoni von vorne nach hinten zu reinigen, um Infektionen zu vermeiden.

Scheidentrockenheit kann oft mit *hormonellen Veränderungen* im Zusammenhang stehen, wie sie in den Wechseljahren auftreten. In solchen Fällen kann erfahrungsgemäß gut mit einer individuellen Frequenztherapie medikamentenfrei harmonisiert werden. Wenn Scheidentrockenheit schwerwiegend ist oder nicht auf Selbstpflege reagiert, ist es wichtig, medizinische Hilfe in Anspruch zu nehmen. Ein Arzt kann die Ursache ermitteln und angemessene Behandlungen empfehlen.

Stress, ob "real", mental oder emotional, kann übrigens die vaginale Trockenheit verschlimmern. Praktiken wie Meditation, achtsame Atemübungen und Entspannungstechniken können dazu beitragen, den Stresspegel zu senken, die Yoni zu beruhigen und sich selbst weniger Druck zu machen. Atmung und Entspannung sind Schlüsselaspekte in der Yoni-Pflege. Einige Techniken, die gezielt deine Yoni ansprechen, hast du in diesem Buch bereits kennengelernt.

Darüberhinaus gibt es sogar *Vaginal-Yoga*. Das sind spezielle Yoga-Übungen, die auf die Stärkung des Beckenbodens abzielen, und die vaginale Gesundheit unterstützen und das Feuchtigkeits-niveau erhöhen können.

Scheidentrockenheit & Kondome- Wenn du bzw. ihr Kondome verwendet, wähle latexfreie Varianten. Latex kann nämlich manchmal Allergien und Reizungen verursachen und Trockenheit begünstigen. Achte auch hier auf deine unterschwelligen Gedanken, denn unsere Yoni reagiert natürlicherweise auf das, was uns so durch den Kopf schwirrt-das können versteckte Ablehnungen gegen die Art der Verhütung oder auch die Art und Weise des Sex sein.

Es ist wichtig zu beachten, dass Scheidentrockenheit viele Ursachen haben kann, von hormonellen Veränderungen bis hin zu medizinischen Problemen. Wenn dieses Problem anhält oder sich
verschlimmert, ist es, wie bereits erwähnt, immer ratsam, einen Arzt aufzusuchen, um die genaue Ursache abzuklären und geeignete Maßnahmen zu ergreifen. Parallel dazu solltest du natürlich eine liebevolle Verbindung zu deiner Weiblichkeit aufrechterhalten und weiter stärken.

Dazu eignen sich zum Beispiel auch *Yoni-Massagen*. Eine sanfte Yoni-Massage kann dazu beitragen, unbewusste Blockaden und Verspannungen zu lösen und die Durchblutung zu verbessern. Sie kann auch eine tiefgreifende Verbindung zur eigenen Yoni fördern. Ich empfehle seriöse und gut ausgebildete Anbieter/-innen, die du beispielsweise für den deutschsprachigen Raum auf der Webseite des Tantra-Massage-Verbandes findest kannst: www.tantramassage-verband.de.

Eine weitere wundervolle Pflege-Möglichkeit bietet sich uns mit *Kräuterzubereitungen:* Einige Kräuter wie Kamille, Ringelblume oder Lavendel haben beruhigende Eigenschaften. Du kannst diese Kräuter zu einem Tee aufbrühen, abkühlen lassen und dann vorsichtig auf die äußeren Bereiche deiner Yoni mit einem Wattepad auftupfen.

Außerdem eignen sich *natürliche Öle*. Einige können sanft auf die äußeren Bereiche der Yoni aufgetragen werden, um die Haut zu beruhigen. Natürliche Yoni-Pflegeprodukte kannst du dir auch zu Hause herstellen. Auf der folgenden Seite findest du ein einfaches Rezept dafür. Dieses selbstgemachte Yoni-Öl kann dazu beitragen, die Haut im Intimbereich mit Feuchtigkeit zu versorgen und zu beruhigen.

Es ist wichtig, dass alle verwendeten Zutaten von hoher Qualität und biologisch sind, um die empfindliche Haut im Intimbereich nicht zu reizen. Bevor du neue Produkte im Intimbereich verwendest, teste immer eine kleine Menge auf Hautverträglichkeit, am besten
24 Stunden vorher in deiner Armbeuge.

Selfmade Yoni-Oil

Zutaten:

1/4 Tasse Bio-Kokosöl (geschmolzen)
1/4 Tasse Bio-Olivenöl oder Mandelöl
je 5 Tropfen Bio-Lavendelöl, Bio-Kamillenöl und Bio-Calendulaöl

So gehts:

Mische das geschmolzene Kokosöl und das Olivenöl oder Mandelöl in einer sauberen Glasflasche. Füge die ätherischen Öle hinzu. Lavendelöl kann beruhigend wirken, Kamillenöl hat ent-zündungshemmende Eigenschaften, und Calendulaöl kann die Haut beruhigen und heilen. Verschließe die Flasche und schüttle sie gut, um die Öle zu vermengen.

Voila´- Dein Yoni-Öl ist einsatzbereit.
Verwende es nach Bedarf zur sanften Massage im äußeren Genitalbereich. Achte darauf, dass es nicht in die Vagina gelangt.

Oder wie wäre es mal mit einem Yoni Dampfbad? Dies ist ein weiteres Pflegeritual für deine Weiblichkeit, das dir verschiedene Vorteile bietet.

Das *Yoni Dampfbad*, auch als Vaginaldampf, Vaginalsteam oder Yoni Steaming bekannt, ist ein uraltes Ritual, das in verschiedenen Kulturen zur Förderung der weiblichen Gesundheit und des Wohlbefindens praktiziert wurde. Es bietet eine tiefe Reinigung, Entspannung und Revitalisierung für deine Yoni und deine innerste Weiblichkeit. Der Dampf kann dazu beitragen, Giftstoffe und überschüssige Rückstände aus der Gebärmutter und der ganzen Unterleibsorgane zu lösen und zu entfernen. Dabei kann er nämlich bis in den "hinterste Ecke" aufsteigen. Er wirkt äußerst beruhigend und entspannend, ähnlich wie eine Wellnessbehandlung. Deshalb nenne ich das Steaming gern *"Wellness down under"*. Doch es kann noch mehr:

Es kann deinen Zyklus ausgleichen. Einige Frauen berichten von regelmäßigeren Menstruationszyklen und einer Linderung von Menstruationsbeschwerden nach wiederholten Dampfbädern. Nach einer Schwangerschaft hilft es bei der Rückbildung der Gebärmutter und inneren und äußeren Wundheilung. Des Weiteren fördert der warme Dampf die Durchblutung der Yoni, was zu einer verbesserten Empfindsamkeit und einem schöneren Wohlfühlgefühl führen kann. Du kannst das Steaming sogar für eine spirituelle Praxis und Verbindung mit nutzen, indem du diese Zeit bewusst genießt, um eine tiefere Verbindung zu deiner Weiblichkeit, inneren Göttin und Spiritualität herzustellen.

Hinweis: Bitte konsultiere vor der Durchführung eines Yoni Dampfbads einen Gesundheitsexperten, insbesondere wenn du schwanger bist oder ungeklärte gesundheitlichen Probleme hast.

Und so machst du dir ein Yoni Dampfbad zuhause:

Pflegerituale

Was du brauchst:
- Einen großen Topf oder Schüssel mit Deckel
- Kräuter für das Dampfbad (z. B. Kamille, Lavendel, Rosmarin,
  Calendula oder Yarrow)
- Heißes Wasser
- Ein bequemer Stuhl oder Hocker
- Eine Decke oder ein großes Handtuch

Der Ablauf:
Wähle Kräuter aus, die zu deinen Bedürfnissen passen. Einige Kräuter sind beruhigend, andere belebend. Mische sie intuitiv nach deinem Gefühl und deinem Zyklus.

Koche Wasser und gieße es über die Kräuter in den Topf oder die Schüssel.

Warte und teste: Lass das Wasser etwas abkühlen, damit der Dampf nicht zu heiß ist. Teste die Temperatur, um sicherzugehen, dass sie für dich angenehm ist.

Setze dich bequem hin: Stelle den Topf mit dem Dampf unter einen Stuhl oder Hocker. Setze dich vorsichtig auf den Stuhl, so dass der Dampf deine Yoni erreicht, aber nicht zu heiß ist. Öffne deine Beine dabei so weit wie es angenehm und komfortabel für dich ist.

Bedampfung: Decke dich und deinen Schoß mit einer Decke oder einem Handtuch ab, um den Dampf einzufangen. Setze dich entspannt hin und atme tief ein.

Ruhe und Meditiere: Bleibe für etwa 20-30 Minuten sitzen und meditiere. Nutze diese Zeit, um dich zu entspannen, achtsam zu atmen und eine bewusste Verbindung zu deiner Weiblichkeit herzustellen.

Abschließende Schritte:
Nach dem Dampfbad kannst du dich in eine Decke hüllen und noch einige Zeit ruhen. Dies ist eine großartige Gelegenheit, um dich selbst zu umarmen und dich zu ehren.

Fazit:
Das Yoni Dampfbad ist ein heiliges Ritual, das dir helfen kann, dich mit deiner sanften Weiblichkeit zu verbinden und deine innere Göttin zu feiern. Es ist eine Zeit des Loslassens, der Pflege und der spirituellen Verbindung. Füge es in deine Selbstliebe-Praxis ein, um die Vorteile zu erleben und deine Yoni-Energie in ihrer vollen Pracht erstrahlen zu lassen.

Yoni-Steaming ist schon für Mädchen ab 12 Jahren empfehlenswert. Außer, dass man es generell nicht während der Menstruation machen sollte, gibt es keinerlei Beschränkungen.

I cherish my
Yoni.

Sie sind die wahren JUWELEN deiner Weiblichkeit. Gönn dir heute selbst LIEBE & Aufmerksamkeit mit einer wohltuenden Schoßraum- und Ovarienmassage.

Die Ovarien, also Eierstöcke befinden sich etwa 2-3 cm unter deinem Bauchnabel auf beiden Seiten deiner Gebärmutter. Sie sind etwa walnussgroß und nicht nur für die Produktion der Eizellen verantwortlich, sondern auch für die Freisetzung wichtiger Hormone.

So gehts:
Finde einen ruhigen Ort, an dem du dich wohl fühlst. Entzünde eine Kerze oder ein Räucherstäbchen und spiele sanfte Musik, um eine heilende Atmosphäre zu schaffen.

Lege dich auf den Rücken, beuge deine Knie und stelle deine Füße flach auf. Atme tief ein, um dich zu zentrieren.

Verwende ein hochwertiges Massageöl, wie dein selbstgemachtes Yoni-Öl und trage es auf deine Hände auf. Beginne mit sanften Kreisbewegungen um deinen Bauchnabel herum. Du kannst dabei leichten Druck mit deinen Fingerspitzen

Übungen & Techniken

und Händen ausüben. Doch achte darauf, dass es angenehm bleibt und keine Schmerzen verursacht. Atme tief und entspanne dich. Lass alle Spannungen los und genieße deinen Moment der Selbstliebe.

Wenn du dich bereit fühlst, beende die Massage langsam und achtsam. Du kannst dich noch einen Augenblick ruhig hinsetzen und die empfundene Energie in dir wirken lassen.

Diese Selbstmassage ist eine Möglichkeit, dich noch tiefer mit deiner Weiblichkeit zu verbinden, sinnliche Selbstliebe zu praktizieren und in deine natürliche weibliche Kraft & Energie einzutauchen.

Nimm dir regelmäßig Zeit für diese wohltuende Praxis und erlebe, wie sie dein Leben bereichert.

Yoni-Ernährung- Dein Weg zu einer blühenden Weiblichkeit

In diesem Abschnitt tauchen wir tiefer in die Welt der Yoni-Ernährung ein und entdecken, wie du durch bewusste Ernährung eine vitale und blühende Weiblichkeit unterstützen kannst. Deine Yoni verdient es, mit Liebe und Fürsorge behandelt zu werden, und unsere Ernährung ist ein weiterer Schlüssel dazu.

Warum ist Yoni-Ernährung wichtig?

Deine Yoni ist ein einzigartiges und empfindliches Organ, das auf besondere Weise gepflegt werden sollte. Sie beeinflusst nicht nur deine körperliche, sondern auch deine emotionale und spirituelle Gesundheit. Deshalb ist es entscheidend, wie du dich ernährst und welche Nahrungsmittel du in deinen Alltag integrierst. Wir werden uns mit den Grundlagen der Yoni-Ernährung vertraut machen und verstehen, warum sie so wichtig ist. Du wirst erfahren, wie die richtige Ernährung das Gleichgewicht der vaginalen Mikrobiota aufrechterhalten kann, Infektionen vorbeugt und Beschwerden lindert. Deine Yoni ist ein Spiegelbild deiner Gesundheit, und wir werden gemeinsam lernen, wie du sie auf natürliche Weise unterstützen kannst.

Die Yoni-freundliche Ernährung im Alltag

Wir werden praktische Schritte erkunden, wie du eine Yoni-freundliche Ernährung in deinen Alltag integrieren kannst. Das bedeutet nicht, dass du deine Lieblingsspeisen aufgeben musst. Stattdessen wirst du lernen, wie du bewusster isst, nahrhafte Lebensmittel einbeziehst und die richtigen Gewürze und Kräuter wählst, um deine Yoni zu stärken. Wir werden auch darüber sprechen, wie du deine Hydratation verbessern kannst, welche probiotischen Lebensmittel deine vaginalen Bakterien unterstützen und warum der Verzicht auf übermäßigen Zucker und Alkohol vorteilhaft sein kann.

Selbstliebe und Ernährung

Eine entscheidende Komponente der Yoni-Ernährung ist deine Selbstliebe. Wir werden erkunden, wie deine Ernährung nicht nur deiner Yoni, sondern auch deinem gesamten Wohlbefinden zugutekommt. Du wirst verstehen, dass Selbstfürsorge und bewusstes Essen untrennbar miteinander verbunden sind.

Die Macht der kleinen Schritte

Veränderungen in deiner Ernährung müssen nicht über Nacht geschehen. Wir werden besprechen, wie du realistische Ziele setzt und schrittweise Veränderungen vornimmst. Schon kleine Schritte können große Unterschiede in deinem Wohlbefinden und deiner Yoni-Gesundheit bewirken.

Die kommenden Anregungen werden dich dazu ermutigen, deine Beziehung zur Ernährung gegebenenfalls zu überdenken und eine Yoni-freundliche Ernährung als Ausdruck der Selbstliebe zu sehen. Deine Yoni ist ein Schatz, den es zu bewahren gilt, und wir werden gemeinsam lernen, wie du sie auf ihrem Weg zu einer blühenden Weiblichkeit unterstützen kannst.

So kannst du eine Yoni-freundliche Ernährung in deinen Alltag einfließen lassen

Wasser ist der Schlüssel. Wasser ist Leben.
Beginne deinen Tag mit einem Glas lauwarmem Wasser mit etwas Zitronensaft. Dies hilft, den Körper zu entgiften und die Hydratation zu verbessern. Achte darauf, während des Tages ausreichend Wasser zu trinken, um deine Schleimhäute und deine Yoni gut durchfeuchtet zu halten.

Im hektischen (Business-)Alltag kann es uns häufig schwer fallen, ausreichend Wasser zu trinken. Hier sind einige *pragmatische Umsetzungstipps*, dir helfen können, besser hydratisiert zu bleiben und gleichzeitig dein allgemeines Wohlbefinden zu unterstützen:

Erstelle dir einen Trinkplan. Du kannst dir beispielsweise ein tägliches Trinkziel setzen, wie z. B. acht Gläser Wasser pro Tag. Und wenn du dein Ziel erreichst hast, kannst du dich beispielsweise mit einem gesunden Snack belohnen, um positive Verankerungen zu schaffen. Halte deine Wasserflasche immer griffbereit. Eine wiederverwendbare Wasserflasche ist ein großartiger Begleiter. Ich habe sogar in der kälteren Jahreszeit immer eine kleine Flasche in meiner Handtasche. Am besten stellst du sicher, dass du immer eine Flasche Wasser in deiner Nähe hast, sei es am Schreibtisch, in der Handtasche oder im Auto, so wird auch dein Unterbewusstsein ans Trinken erinnert.

Du kannst auch deine Arbeitsroutine anpassen, um dir das Trinken zu erleichtern, zum Beispiel während einer kurzen Pause oder nach einem wichtigen Anruf und dir Erinnerungen dazu setzen. Es gibt viele Smartphone-Apps, die an das Trinken erinnern können. Du kannst eine solche App nutzen, um regelmäßige Benach-richtigungen und Erinnerungen zu erhalten. Deinen visuellen Fort- schritt in deiner App zu sehen, kann zudem sehr motivierend sein und sich positiv auf deine Trinkgewohnheiten auswirken. Zeitbasiertes Trinken ist ebenfalls empfehlenswert und steigert deine Produktivität. Du kannst dir dafür bestimmte Zeitpunkte im Laufe des Tages festlegen, zu denen du ein Glas Wasser trinkst. Zum Beispiel direkt nach dem Aufstehen, vor dem nächsten Termin, vor dem Einkaufen oder vor dem Schlafengehen.

Die Empfehlung, direkt vor dem Essen oder währenddessen zu trinken, wird übrigens von einigen Ernährungsexperten heutzutage nicht mehr ausgesprochen, da dies zu einem ungünstigen Verdünnen unserer Verdauungssäfte führen kann.

Viele mögen kein normales Leitungswasser. Es schmeckt ihnen zu fad. Wenn es dir auch so geht, kannst du es mit frischen Früchten, mit einem Spritzer Zitrone, Ingwerstückchen oder Gurkenscheiben aufpeppen, um einen angenehmeren Geschmack zu erhalten. Oft hilft es, auch mal Abwechslung zu schaffen: Alternativ zum reinen Wassertrinken kannst du Infused Water oder Kräutertees genießen.

Es gibt einige Teesorten, die bekanntermaßen positive Auswirkungen auf die Weiblichkeit und die Gesundheit der Yoni haben können. Hier bekommst du ein schönen Überblick dazu. Die individuellen Reaktionen auf Teevariationen können natürlich unterschiedlich sein. Wenn du spezifische gesundheitliche Bedenken oder Fragen hast, ist es ratsam, dich an einen Fachmann/-frau im Bereich der Kräuterkunde oder Natur-heilkunde zu wenden.

Himbeerblättertee ist für viele Frauen ein beliebter Tee. Er wird traditionell zur Unterstützung des weiblichen Fortpflanzungssystems verwendet, insbesondere während der Schwangerschaft und zur Vorbereitung auf die Geburt.

Kamillentee hat beruhigende Eigenschaften und kann besonders bei Menstruationsbeschwerden und Krämpfen hilfreich sein. Er kann zur Linderung von Stress und Angstzuständen beitragen.

Fencheltee kann bei Verdauungsbeschwerden, insbesondere bei Blähungen und Magenkrämpfen, helfen. Er kann auch ausgleichend auf den Hormonhaushalt wirken und dabei helfen, Menstruationsschmerzen zu lindern.

Lavendeltee hat entspannende Eigenschaften und kann regulierend bei Schlafstörungen, Stress und Angstzuständen wirken. Eine gute Nachtruhe ist wichtig für unser allgemeines Wohlbefinden und unsere Beauty.

Ingwertee ist bekannt für seine entzündungshemmenden Eigen-schaften. Er kann bei Menstruationsbeschwerden, Übelkeit und Verdauungsproblemen hilfreich sein.

Brennesseltee ist reich an Vitaminen und Mineralstoffen. Er kann dazu beitragen, den Körper mit wichtigen Nährstoffen zu versorgen, was insgesamt zu einem besseren Wohlbefinden beiträgt.

Kalmustee kann beruhigend auf das Nervensystem wirken und Stress abbauen. Dies unterstützt ebenso unser allgemeines Wohlbefinden und die innere Harmonie.

Hibiskustee wiederum ist reich an Antioxidantien, wirkt blutdruck-senkend und kann dazu beitragen, das Immunsystem zu stärken.

Weitere Geheimnisse für eine magische Yoni-Ernährung:

Um das Wohlbefinden und Gleichgewicht zu entfalten, ist eine gesunde vaginale Mikrobiota von besonderer Bedeutung. Eine Vielfalt an Nahrungsmitteln mit lebendigen, probiotischen Kulturen wie Joghurt, Kefir, Kimchi oder sauren Gurken kann das Wachstum probiotischer Bakterien fördern und helfen, Infektionen abzuwehren. So können wir unsere inneren Kräfte stärken und uns in Harmonie mit der Welt um uns herum fühlen.

Ballaststoffe, die nicht nur für unsere Darmgesundheit, sondern auch für die Balance unserer Kräfte von großer Bedeutung sind, finden sich in einer Vielzahl von Nahrungsmitteln wie Vollkornprodukten, Haferflocken, Gemüse und Hülsenfrüchten. Ihre weise Wahl unterstützt eine gesunde Verdauung und hilft, unnötige Energien abzuleiten, die uns belasten können. So können wir unsere Körper und Seelen in Einklang bringen und uns vollständig entfalten.

Um das innere Gleichgewicht zu erhalten, sollte der Konsum von zuckerhaltigen Lebensmitteln und Getränken reduziert werden, da sie das Risiko von Pilzinfektionen erhöhen können. Natürliche Süßungsmittel wie Ahornsirup oder Honig können gesunde Alternativen sein. Omega-3-Fett-säurenreiche Lebensmittel wie Lachs, Leinsamen und Walnüsse fördern nicht nur die vaginale Gesundheit, sondern auch das innere Gleichgewicht und haben entzündungshemmende Eigenschaften.

Jeder Körper ist einzigartig und vermag nur durch individuelle Fürsorge erblühen. Was für die eine Person funktioniert, muss nicht unbedingt für die andere gelten. Höre auf deinen eigenen Körper und weniger auf die Vorgaben von außen. Beobachte, wie dein Körper auf bestimmte Lebensmittel reagiert. Horche immer in deine eigene innere Weisheit hinein und wähle Speisen, die deiner Körperin schmeicheln und wirklich gut tun. Passe deine Ernährung an deine persönlichen Bedürfnisse an.

Koffein und Alkohol sollten jedoch nur in Maßen genossen werden, da ihr übermäßiger Konsum das Wohlbefinden und die Feuchtigkeit deiner Yoni beeinträchtigen kann. Achte darauf, ausreichend Wasser zu trinken, wenn du solche Getränke genießt.

Gewürze und Kräuter wie Kurkuma, Knoblauch, Ingwer, Oregano und Thymian sind von antimikrobieller Natur und können ebenfalls dazu beitragen, Infektionen vorzubeugen, Entzündungen zu hemmen und Beschwerden zu lindern. Lasse sie in deiner Küche tanzen. Doch beachte, dass stark gewürzte Speisen Reizungen auslösen können, daher sollten sie nur in Maßen gegessen werden.

Proteinreiche Lebensmittel wie Hühnchen, Fisch und Bohnen sind wichtig für die Gewebereparatur und den Aufbau von Kollagen. Die richtigen Lebensmittel können so zu gesunder, strahlender Haut beitragen, was unser Selbstbewusstsein steigern kann.

Früchte und Gemüse, am besten in Bio-Qualität und frisch und knackig, sollten täglich in deine Küche einkehren. Sie sind von edler Natur, reich an wichtigen Vitaminen, Mineralien und Antioxidantien, die das Wohlbefinden unterstützen und das Immunsystem stärken. Lass die Farben des Regenbogens auf deinem Teller wirken und verbinde dich mit der Magie der Natur.

Yoni-freundliches Obst und Gemüse:

Ananas enthält das Enzym Bromelain, dem entzündungshemmende Eigenschaften zugeschrieben werden und zur Verringerung von Schwellungen und Beschwerden beitragen kann.

Avocado ist eine hervorragende Quelle für gesunde Fette, die zur Aufrechterhaltung eines ausgewogenen Hormonhaushalts hilfreich sein können.

Blaubeeren sind voller Antioxidantien und können zur Bekämpfung von Entzündungen und zur allgemeinen Gesundheit der Yoni beitragen.

Cranberries sind bekannt für ihre Fähigkeit, Harnwegsinfekte zu verhindern, da sie die Adhäsion von Bakterien an den Schleimhäuten reduzieren.

Granatäpfel sind ebenfalls reich an Antioxidantien und können die Durchblutung fördern, was gut für die Yoni ist.

Gurken sind erfrischend und können zur Aufrechterhaltung eines gesunden Feuchtigkeitsniveaus beitragen.

Karotten sind reich an Vitamin A und können die Gesundheit der Schleimhäute fördern.

Knoblauch enthält Allicin, eine Verbindung mit antimikrobiellen Eigenschaften, die vor vaginalen Infektionen schützen kann.

Kürbiskerne sind reich an Zink, was wichtig für das Immunsystem und die vaginale Gesundheit ist.

Sellerie kann die Durchblutung fördern, was sich positiv auf die vaginale und sexuelle Gesundheit auswirken kann.

Spinat ist eine gute Quelle für Eisen und kann dazu beitragen, den Eisenmangel und die damit verbundene Müdigkeit zu bekämpfen.

Süßkartoffeln sind reich an Vitamin A und Beta-Carotin, was gut für die Haut und die Schleimhäute der Yoni sein kann.

In Maßen verzehren:
Erdbeeren: Sie sind lecker und eine gute Quelle für Vitamin C, das zur Stärkung des Immunsystems und zur Vorbeugung von Infektionen beitragen kann. Sie können aber bei empfindlichen Frauen Irritationen verursachen.

Zitrusfrüchte sind zwar reich an Vitamin C, können bei manchen Frauen jedoch zu vaginaler Reizung führen. Verwende sie gegebenenfalls am besten nur in Maßen.

In großen Mengen vermeiden:
Zu viel Zucker: Ein hoher Zuckerkonsum kann das Risiko für Hefeinfektionen erhöhen, daher sollte der Verzehr von zuckerhaltigen Lebensmitteln begrenzt werden.

Stark gewürzte Lebensmittel können zu Reizungen führen und sollten deshalb ebenfalls in großen Mengen vermieden werden.

Du siehst, magische Kräfte ruhen in bestimmten Früchten und Gemüsen, die bei der Pflege der Yoni unterstützend wirken können. Doch denke daran, dass ein vollkommenes Wohlbefinden der Yoni mehr erfordert als nur die Nahrungsaufnahme. Eine vollständige Pflege umfasst auch die Reinlichkeit, körperliche Aktivität und emotionale Ausgeglichenheit.

Schritt-für-Schritt-Anleitung

Ernährungsumstellungen müssen nicht von heute auf morgen erfolgen. Tatsächlich kann es einfacher und nachhaltiger sein, schrittweise Änderungen vorzunehmen. Kleine Schritte können einen großen Unterschied für deine Yoni-Gesundheit und dein allgemeines Wohlbefinden bewirken. So kannst du sie eine schrittweise Ernährungsänderungen erreichen:

Schritt 1: Selbstbewusstsein entwickeln
Der erste Schritt besteht darin, dein Bewusstsein für deine aktuelle Ernährung zu schärfen. Führe ein Ernährungstagebuch, um zu verstehen, was du isst und wie es sich auf deine Gesundheit und dein Wohlbefinden auswirkt. Im Anhang findest du eine Vorlage dazu.

Schritt 2: "Realistische" Ziele setzen
Setze dir klare, erreichbare Ziele für deine Ernährungsumstellung. Beginne mit kleinen, machbaren Schritten, die zu deinem Lebensstil passen. Zum Beispiel könntest du beschließen, mehr Wasser zu trinken oder jeden Tag eine zusätzliche Portion Gemüse zu essen.

Schritt 3: Inkorporiere Yoni-freundliche Lebensmittel
Erweitere deine Ernährung um Lebensmittel, die für deine Yoni-Gesundheit vorteilhaft sind. Dazu gehören fermentierte Lebensmittel wie Joghurt oder Kefir, die die vaginale Flora unterstützen.

Schritt 4: Reduziere schädliche Lebensmittel
Schrittweise Reduzierung von Lebensmitteln, die sich negativ auf deine Yoni-Gesundheit auswirken können. Dazu gehören zuckerhaltige Snacks, stark verarbeitete Lebensmittel und übermäßiger Alkoholkonsum.

Schritt 5: Variation in der Ernährung
Stelle sicher, dass deine Ernährung abwechslungsreich ist und alle wichtigen Nährstoffe enthält. Versuche, frische und möglichst unverarbeitete Lebensmittel in deine Mahlzeiten einzubeziehen.

Schritt 6: Planung und Vorbereitung
Plane deine Mahlzeiten im Voraus und bereite gesunde Optionen vor. Dies hilft, Heißhunger auf ungesunde Snacks zu vermeiden.

Schritt 7: Kleine, nachhaltige Gewohnheiten entwickeln
Fokussiere dich auf die Bildung von nachhaltigen Gewohnheiten. Zum Beispiel könntest du lernen, komplett ohne Ablenkung und achtsamer zu essen.

Schritt 8: Achte auf dein Sättigungsgefühl
Höre auf deinen Körper und iss nur, wenn du wirklich hungrig bist. Manchmal ist es auch Durst, was wir mit einem Hungergefühl verwechseln. Höre auf zu essen, wenn du satt bist, und vermeide Überessen.

Schritt 9: Gemeinsames Essen
Teile deine Ernährungsumstellung mit Freunden oder der Familie. Gemeinsame Mahlzeiten können motivierend sein und eine unterstützende Umgebung schaffen.

And last but not least: Habe Geduld!
Erwarte nicht, dass sich deine Ernährung über Nacht verändert. Es ist normal, Rückschläge zu haben, aber bleib geduldig und bleib am Ball.

Denke daran, dass eine schrittweise Umstellung langfristig viel erfolgreicher sein kann als strenge Diäten oder radikale Veränderungen. Deine Yoni und dein gesamter Körper werden dir für diese liebevolle Pflege dankbar sein.

Checkliste für eine schrittweise Ernährungsumstellung

☐ Erstelle eine Liste deiner Ernährungsgewohnheiten.

☐ Setze machbare Ziele für deine Ernährungsumstellung.

☐ Füge nach und nach Yoni-freundliche Lebensmittel hinzu.

☐ Reduziere schädliche Lebensmittel schrittweise.

☐ Experimentiere mit neuen Rezepten und Lebensmitteln.

☐ Plane deine Mahlzeiten und Snacks im Voraus.

☐ Achte auf Portionen und dein Sättigungsgefühl.

☐ Suche Unterstützung (Freunde, Ernährungsberatung..).

☐ Sei geduldig und gönne dir gelegentliche Leckereien, ohne dich schuldig zu fühlen.

Und vergiß nicht, dass eine sanfte und schrittweise Umstellung der Ernährung langfristig wirksamer ist als strenge Diäten oder radikale Umbrüche. Dein Körper und auch deine Yoni werden dir für diese liebevolle Fürsorge danken.

Wie du das Zyklusbewusssein und Mondwissen in deinem Leben integrierst

Als Frau trägst du einen inneren Mond in dir, denn der weibliche Zyklus und die weibliche Energie sind eng mit den Phasen des Mondes verbunden. Wenn wir das Zyklusbewusstsein und das Mondwissen in unser Leben integrieren, können wir unsere Verbindung zur Natur, natürlichen Welt und unserer inneren Weisheit vertiefen.

Beobachte deinen eigenen Zyklus und verbinde ihn mit den Mondphasen. Dies kann dir Einsicht in deine eigenen Energien und Bedürfnisse geben. Nutze die verschiedenen Phasen deines Zyklus, um bewusste Entscheidungen zu treffen:

In der Menstruationsphase kannst du beispielsweise mehr Ruhe und Selbstfürsorge einplanen, während du in der Follikelphase aktivere Ziele verfolgen kannst.

Die Integration von Zyklusbewusstsein und Mondwissen ermöglicht es uns, im Einklang mit der natürlichen Welt zu leben und unsere weibliche Energie bewusster zu nutzen. Dies kann zu einem tieferen Verständnis von uns selbst und unserer weiblichen Kraft führen.

Das Verständnis der Mondphasen und ihre Verbindung zu deinem eigenen Zyklus kann ein tiefes Gefühl der Verbundenheit mit der Natur und deinem eigenen Körper schaffen. Hier erfährst du, warum dieses Wissen wichtig ist und wie du es anwendest:

Die Magie des Mondes

Der Mond- oder besser gesagt *die Mondin,* denn sie ist voller weiblicher Energie- hat seit jeher eine mystische Bedeutung. Sie hat die Kraft, Meere zu bewegen und beeinflusst alle Lebewesen auf unserem Planeten. Wir alle sind energetisch an sie ange-bunden. Sie symbolisiert den Wechsel der Phasen im Leben einer Frau und steht in Verbindung mit unserer inneren Weisheit. Dieses Wissen kann dir helfen, dich stärker mit deinem eigenen Rhythmus zu verbinden.

Der Menstruationszyklus einer Frau und die Mondphasen haben einige Gemeinsamkeiten. Der durchschnittliche Menstruationszyklus dauert etwa 28 Tage, was der Zeit entspricht, die der Mond benötigt, um durch seine Phasen zu wandern. Das Verständnis dieser Verbindung kann dir helfen, deinen eigenen Zyklus besser zu verstehen.

Die Mondin durchläuft vier Hauptphasen:
Neumond, zunehmender Mond, Vollmond und abnehmender Mond. Jede dieser Phasen kann mit verschiedenen Energien und Qualitäten in Verbindung gebracht werden. Zum Beispiel wird der Neumond oft mit Neuanfängen und Introspektion assoziiert, während der Vollmond für Fülle und Ernte steht.

Idealerweise verlaufen diese Phasen des weiblichen Zyklus im Einklang mit den Mondphasen, was als "menstrueller Mondzyklus" bezeichnet wird. Dieser natürliche Rhythmus kann das Wohlbefinden und unsere innere Balance fördern. Jedoch haben nicht alle Frauen einen 28-Tage-Zyklus, und der Menstruationszyklus kann von Frau zu Frau variieren. Es geht darum, den eigenen Zyklus zu verstehen und auf die Bedürfnisse des Körpers in den verschiedenen Phasen einzugehen.

Der menstruelle Mondzyklus

NEUMOND (MENSTRUATION)

Dies ist der Beginn des Menstruationszyklus, wenn die Periode einsetzt. Er entspricht dem Neumond, einem Zeitpunkt des Neuanfangs und der Erneuerung. In dieser Phase sollten wir Ruhe, Selbstfürsorge und Introspektion praktizieren:
Me, myself & I.

ZUNEHMENDER MOND (FOLLIKELPHASE)

Mit dem zunehmenden Mond beginnt der Körper der Frau, sich auf die bevorstehende Ovulation vorzubereiten. Dies entspricht der Follikelphase im Zyklus. In dieser Zeit steigt die Energie allmählich, und die Frau sollte sich auf Aktivitäten und Projekte konzentrieren.

VOLLMOND (OVULATION)

Wenn die Mondin ihren Höhepunkt erreicht, geschieht dies auch in der Mitte des weiblichen Zyklus mit dem Eisprung, der Ovulation. Es ist die Zeit der Fruchtbarkeit und Fülle. Als Frau kannst du dich in dieser Phase offener und leidenschaftlich fühlen.

ABNEHMENDER MOND (LUTEALPHASE)

Mit dem abnehmenden Mond geht der Menstruationszyklus in die Lutealphase über. Dies ist die Zeit, in der sich der Körper, falls keine Empfängnis stattgefunden hat, auf die Menstruation vorbereitet. Die Energie kann allmählich abnehmen, und wir können uns auf Entspannung und die Vorbereitung auf die kommende Menstruation konzentrieren.

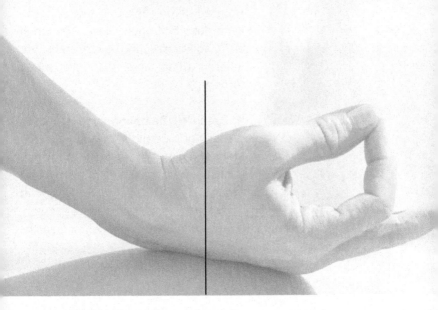

In this moment
I love and accept
my cycle just as it is.

Es ist wichtig zu beachten, dass nicht alle Frauen denselben Zyklus haben, und es gibt keinen "richtigen" oder "falschen" Zyklus. Jeder Zyklus ist einzigartig, und es geht darum, den eigenen zu verstehen und auf die Bedürfnisse deines Körpers in den verschiedenen Phasen einzugehen. Die Harmonisierung mit den Mondphasen kann eine wunderbare Möglichkeit sein, die Gesundheit und dein allgemeines Wohlbefinden zu stärken.

Die **Harmonisierung des Menstruationszyklus** mit den natürlichen Mondphasen kann uns viele Vorteile bieten. Hier sind einige davon:

1. **Bessere hormonelle Balance:** Der Menstruationszyklus wird durch Hormone gesteuert, und die Synchronisation mit den Mondphasen kann dazu beitragen, ein Gleichgewicht in den Hormonen aufrechtzuerhalten. Dies kann zu einer reibungsloseren und beschwerdefreieren Periode führen.

2. **Stabilere Emotionen:** Viele Frauen bemerken, dass sie während des Menstruationszyklus emotionalen Schwankungen unterliegen. Die Harmonisierung mit den Mondphasen kann dazu beitragen, diese Emotionen zu stabilisieren und ein Gefühl der inneren Ruhe und Ausgeglichenheit fördern.

3. **Besseres Zeitmanagement:** Indem du deinen eigenen Zyklus mit den Mondphasen in Einklang bringst, kannst du besser planen und organisieren und deine Energie und Aktivitäten entsprechend anpassen, um produktiver und effizienter zu sein.

4. Verbindung zur Natur: Die Harmonisierung mit den Mondphasen schafft eine tiefere Verbindung zur Natur und dem natürlichen Rhythmus des Lebens. Dies kann ein Gefühl der Erdung und Verbundenheit mit der Welt um dich herum fördern.

5. Spirituelles Wachstum: Einige Frauen erleben ein gesteigertes spirituelles Bewusstsein, wenn sie sich mit den natürlichen Zyklen des Mondes verbinden. Dies kann zu einem tieferen Verständnis von sich selbst und der Welt führen.

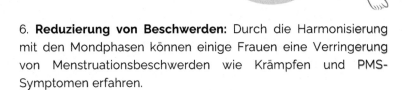

6. Reduzierung von Beschwerden: Durch die Harmonisierung mit den Mondphasen können einige Frauen eine Verringerung von Menstruationsbeschwerden wie Krämpfen und PMS-Symptomen erfahren.

7. Förderung der Weiblichkeit: Die Verbindung mit den Mondphasen kann das Gefühl der Weiblichkeit und der göttlichen Weiblichkeit stärken. Es ermutigt Frauen, sich selbst zu ehren und zu schätzen.

Die Anbindung an die Mondin ist deshalb *auch für Frauen mit* Unterleibs-Operationen, unerfülltem Kinderwunsch oder in den Wechseljahren relevant, denn der Einfluss der Mondin bleibt.

Meine Sinnlichkeit ist ein Geschenk, das ich in jeder Faser meines Körpers spüre.

3. Wie du Sinnlichkeit & Intimität im Alltag lebst

In diesem Kapitel tauchen wir in die zauberhafte Welt deiner sinnlichen Weiblichkeit ein und erkunden, wie du sie in jeder Facette deines Alltags entfalten kannst. Dies ist keine bloße Pflicht auf deiner endlosen Agenda, sondern eine Einladung, die Freude und Sinnlichkeit in jedem Augenblick deines Lebens zu feiern. Wir offenbaren inspirierende Rituale und sanfte Übungen, welche dir helfen werden, das Wunder der Sinne zu entdecken und zu zelebrieren. Denn die wahre Schönheit des Lebens manifestiert sich in den kleinen Dingen, wenn wir uns Zeit nehmen und uns erlauben, bewusst und achtsam durch die Welt zu schreiten. Lass dich von den folgenden inspirierenden Worten leiten und ermutigen:

Die Sinnlichkeit ist ein Geschenk, das in jedem Atemzug, in jedem Sonnenstrahl und in jedem Bissen Essen auf dich wartet. Lass uns gemeinsam lernen, sie zu feiern.

Du musst nichts Besonderes tun, um sinnlich zu sein. Dein Körper ist ein Tempel der Sinnlichkeit, und es ist an der Zeit, ihn zu erkunden.

Sinnlichkeit ist keine Frage des Alters, der Form oder der Größe. Sie gehört zu dir, unabhängig von äußeren Umständen. Zeit, sie zu umarmen!

Sinnlichkeit ist der Schlüssel zur Entfaltung deiner weiblichen Energie. Wenn du sie in deinen Alltag einlädst, wirst du die Welt auf eine ganz neue Weise erleben.

Jeder Tag ist eine Gelegenheit, die Sinne zu wecken und das Leben in seiner vollen Pracht zu erleben. Die Freude der Sinnlichkeit liegt in den kleinen Momenten.

Lass uns nun tiefer eintauchen und entdecken, wie du die Sinnlichkeit im Alltag zelebrieren und als Quelle deiner weiblichen Energie nutzen kannst.

WIE DU DIE FREUDE DER SINNLICHKEIT IN DEIN LEBEN INTEGRIEREN KANNST

Wenn du ungeduldig bist, erinnere dich daran, dass die Entdeckung deiner Sinnlichkeit eine Reise ist, kein Sprint. Jeder Schritt bringt dich näher zu einem erfüllteren Leben.

Jeder einzelne Tag ist eine Gelegenheit, deine Sinne zu wecken und das Leben in seiner vollen Pracht zu erleben. Die Freude der Sinnlichkeit liegt in den kleinen Momenten. Erlaube dir, die Kon-trolle ein Stück weiter loszulassen und du wirst sehen, wie sich

Sensuality means being in the present moment.

The magic of everyday life unfolds when I engage my senses.

die Momentmagie in deinem Alltag entfaltet.

Die wahre Sinnlichkeit beginnt mit dir selbst und deine Selbstliebe ist die Basis dafür. Beginne mit der Erkenntnis, dass du deine eigene beste Freundin sein musst. Selbstliebe ist der Schlüssel zur Entfaltung deiner Sinnlichkeit.

Integriere sinnliche Rituale in deinen täglichen Alltag, wie z. B. ein Bad mit ätherischen Ölen, das Verwöhnen deiner Haut mit Lotionen oder das bewusste Genießen von Mahlzeiten oder einer wohligen Dusche. Achte dabei besonders auf deine abschweifenden Gedanken, jedoch ohne sie zu bewerten oder dich selbst fertig zu machen dafür.

Achtsames, bewusstes Genießen braucht Übung und Zeit.

Sei sanft und geduldig mit dir selbst auf dieser Reise zur vollen Entfaltung deiner Sinnlichkeit. Jeder Tag, den du bewusst lebst, bringt dich deinem Ziel näher.

Die Praxis der Achtsamkeit hilft dir, im Moment zu leben, aus stressverstärkenden Gedanken auszusteigen und deine Sinne zu schärfen. Dies ermöglicht es dir, die kleinen Freuden des Lebens wahrzunehmen und intensiver zu erleben.

Manchmal ist es hilfreich, einen Coach oder Mentor an deiner Seite zu haben, der dich auf deiner Reise zur Sinnlichkeit begleitet und unterstützt, deine unbewussten, kontrollierenden Muster aufzuweichen. Dies kann besonders in Zeiten des Wachstums und der Transformation von unschätzbarem Wert sein. Erlaube dir, dich auch in deiner persönlichen Entwicklung supporten zu lassen.

Jeder Tag, den ich bewusst lebe,
bringt mich einem erfüllten
Leben näher.

YONI WELLNESS RITUAL
Daily Wellness Tip

Yoni-Yoga ist eine spirituelle Praxis, die die Verbindung zur eigenen Weiblichkeit und Sinnlichkeit stärkt. Es kann als Ritual in den Alltag integriert werden.

Es dient der Stärkung deiner Verbindung zur eigenen Weiblichkeit, der Förderung der Sinnlichkeit und der Heilung deiner Yoni. Es ist eine Möglichkeit, dich selbst zu ehren und die Liebe zu deinem eigenen Körper zu vertiefen.

TÄGLICHES YONI YOGA

Jeder Tag, den du bewusst lebst, bringt dich näher an ein erfüllteres Leben.

TÄGLICHES YONI YOGA

Vorbereitung: Suche einen ruhigen Ort, an dem du ungestört bist. Setze dich bequem hin oder lege dich auf den Rücken. Atme einige Male tief ein und aus, um dich zu zentrieren.

Yoni-Achtsamkeit
Lege deine Hände sanft auf deinen Unterbauch, über dem Bereich deiner Yoni. Schließe die Augen und konzentriere dich auf diesen Bereich. Stelle dir vor, wie Energie und Wärme in deine Yoni fließen.

Yoni-Atmung
Beginne damit, bewusst, tief und langsam in deinen Unterbauch zu atmen. Stelle dir vor, wie du mit jedem Einatmen frische, heilende Energie in deine Yoni ziehst. Mit jedem Ausatmen lässt du Spannungen und Blockaden los.

Affirmationen
Während du weiter atmest, wiederhole positive Affirmationen für deine Yoni. Zum Beispiel: "Meine Yoni ist ein Ort der Liebe und Heilung. Ich ehre und respektiere meine Weiblichkeit."

Sinnliche Visualisierung
Schließe deine Übung mit einer sinnlichen Visualisierung ab. Stelle dir vor, wie deine Yoni von einem goldenen Licht umhüllt wird, das Liebe und Heilung bringt.

Wie du Intimität in Beziehungen pflegst und vertiefst

Intimität und Verbundenheit sind die Quellen des persönlichen Wachstums in unseren Beziehungen. Wie ein Garten benötigen sie Aufmerksamkeit und Pflege, um zu erblühen. Um tiefere Intimität in unseren Beziehungen zu erleben, müssen wir lernen, uns authentisch auszudrücken und ehrlich und offen zu kommunizieren. Wirkliche Verbundenheit erfordert offene und ehrliche Gespräche, die auf gegenseitigem Respekt, Verständnis und Vertrauen aufgebaut sind.

Es ist wichtig, unsere wahren Bedürfnisse zu kennen und auf respektvolle und ehrliche Weise zu kommunizieren, ohne in Bedürftigkeit oder Erwartungshaltung zu verfallen. Vertrauen ist das Fundament jeder intimen Beziehung, und es erfordert Zeit und Kontinuität, um aufgebaut zu werden. Wenn wir uns und unserem Partner vertrauen, können wir uns einander auf erstaunlich tiefe Weise öffnen und uns tief verbunden fühlen. Geben wir uns also Raum und Zeit, um Vertrauen aufzubauen und unsere Verbindung zu stärken.

Körperliche Nähe und Intimität ist ein wichtiger Teil jeder Partnerschaft. Erforscht gemeinsam, was euch beiden Freude bereitet, und nehmt euch Zeit für liebevolle Berührungen voller Achtsamkeit und frei von Erwartungen und Bewertung. Wenn wir uns öffnen, wachsen Beziehungen. Es geht um das Teilen von Gedanken, Träumen und Ängsten.

Sexualität kann ein Ausdruck von Intimität sein, doch Intimität ist viel mehr. Es geht um die Verbindung von Herz, Seele und Geist. Im Yoni Tantra lernst du, wie du alle 3 Ebenen miteinander verbinden und so eine tiefere, erfüllendere Verbindung in deiner Partnerschaft schaffen kannst. Yoni Tantra ist weit mehr als nur eine sexuelle Praxis. Es ist ein Weg, Intimität in all ihren Dimensionen zu erleben und zu vertiefen. Du erforschst die Energieflüsse und die seelische Verbindung zwischen euch beiden. Dies führt nicht nur zu einer intensiveren sexuellen Erfahrung, sondern auch zu einer tieferen Verbundenheit und spirituellen Einheit.

Diese Erfahrung kann eine Transformation in deiner Partnerschaft bewirken und eine ganz neue Dimension der Liebe und Intimität eröffnen. Wenn du dich danach sehnst, diese tiefere Verbindung in deiner Partnerschaft zu erleben, könnte ein Yoni Tantra Kurs der nächste Schritt sein, um dieses Ziel zu erreichen.

Wenn ich mich und meinen Partner wirklich verstehe und vertraue, kann unsere Verbindung erstaunlich tief sein.

Erwäge, spirituelle Praktiken wie Atem-Meditation, Herzöffnung und Yoga gemeinsam zu erkunden. Diese können eure spirituelle Verbindung vertiefen und eure Beziehung stärken.

Bedenke auch, dass deine persönliche Entwicklung und Selbstentfaltung ein Schlüssel zur Intimität ist. Die Beziehung zu dir selbst zu heilen, deine Weiblichkeit zu feiern und deine Mutterbeziehung zu klären, können enorme Auswirkungen auf deine Liebesbeziehung und alle deine Beziehungen haben.

Denke daran, dass die Entfaltung deiner Sinnlichkeit und die Vertiefung deiner Intimität in Beziehungen eine Reise sind, die Zeit und Übung erfordert. Wenn du bereit bist, Unterstützung und Begleitung anzunehmen, wird diese Reise noch erfüllender und bedeutungsvoller.

Die Zeit,
die wir in Intimität investieren,
ist nie verschwendet.

Es ist eine Investition in unser persönliches
Wachstum und in die Qualität unserer
Beziehungen.

Intime Partnerschaftsübungen können dazu beitragen, die Verbindung zwischen euch zu vertiefen, Harmonie und Romantik (wieder) zu erleben und das Liebesleben zu bereichern.

Die sinnliche Entdeckungsreise

Entdeckt gemeinsam neue Wege der Sinnlichkeit. Verlangsamt euch, berührt euch achtsam und spürt die Energie zwischen euch. Erforscht eure Körper wertungsfrei und mit Neugier und bringt spielerische Erotik in euren Alltag. Welche erogenen Zonen wollen da noch von euch entdeckt werden?

Viele Männer wissen nicht, dass auch ihr Körper ein Land voller erogener Überraschungen und sinnlicher Geheimnisse ist. Eine sanfte Massage oder Küssen und zartes Lecken im Genickbereich können bei ihm schöne sinnliche Reaktionen auslösen, die auch deiner Körperin gefallen werden. Die Brustwarzen sind nicht nur bei uns Frauen empfindlich. Bei einigen Männern kann eine sanfte Stimulation dieser Zone lustvolle Empfindungen hervorrufen. Selbst die Innenseite der Unterarme kann empfindlich sein. Zarte Berührungen oder leichte Massagen können super angenehm sein. Auch die Handgelenke können sehr sensibel sein. Insbesondere der Pulsbereich, da dort unser Wurzelchakra sitzt, das ja unter anderem für Sicherheit, Vertrauen, und Geborgenheit steht.

Eine weitere erogene Zone, die weniger bekannt ist, ist der Bereich um den Bauchnabel. Sanftes Streicheln, leichtes Massieren oder Küssen kann hier sehr erregend für ihn und seinen Lingam sein. Nicht nur der untere Rücken, sondern auch der obere kann ebenfalls sehr empfindlich sein. Sanfte Berührungen mit den Fingernägeln oder zartes Kratzen können hier besonders reizvoll sein. Wie auch bei uns Frauen können die Innenseiten der Oberschenkel und die Kniekehlen erogene Zonen sein, bei denen sich die sexuelle Energie durch z.B. hingebungsvolle Küsse auf den gesamten Körper herrlich ausbreiten kann.

Übungen & Techniken

Tantra-Massage: Nehmt euch Zeit, um euch gegenseitig mit achtsamen Massagen zu verwöhnen. Die Tantra-Massage betont die Entspannung und den Energieaustausch zwischen den Partnern.

Sinnliche Kommunikation: Setzt euch zusammen und teilt erwartungslos eure tiefsten Wünsche, Fantasien und Bedürfnisse. Offene und ehrliche Gespräche können die Intimität stärken.

Gemeinsames Baden: Ein entspannendes Bad zu zweit kann sehr sinnlich sein. Zündet Kerzen an und nutzt ätherische Öle oder Rosenblätter, um eine romantische Atmosphäre zu schaffen.

Partner-Yoga: Partner-Yogaübungen fördern Vertrauen, Balance und Körperbewusstsein. Ihr könnt gemeinsam verschiedene Yoga-Positionen ausprobieren und spielerisch experimentieren.

Gemeinsame Atemarbeit: Praktiziert gemeinsame Atemübungen, um euch auf einer tieferen Ebene zu verbinden. Setzt euch dazu gegenüber und atmet synchron. Lasst eure Atemzüge zu einer Einheit verschmelzen und spürt, wie sich eure Energien vereinen. Dieses intime Erlebnis stärkt eure Verbundenheit auf magische Weise.

Spiegelübungen, Augenkontakt & Stille: Setzt oder legt euch in Stille gegenüber und haltet tiefen Augenkontakt. Erlaubt euch, tief in eure Augen einzutauchen und die Stille zwischen euch zu spüren. Nehmt einander auf Wesensebene wahr und erkennt die Seele eures Partners. Dies kann eine sehr intensive und intime Erfahrung sein.

Gemeinsame Meditation: Setzt euch zusammen für eine gemeinsame Meditation. Sie kann die spirituelle Verbindung zwischen euch vertiefen. Lenkt eure Aufmerksamkeit auf eure Herzen, öffnet sie weit füreinander und spürt den Frieden und die Liebe, die zwischen euch fließen. Diese Herzverbindung stärkt eure emotionale Verbindung.

Sinnlicher Tanz: Tanzt zusammen zu langsamer, sinnlicher Musik. Der Akt des Tanzens kann die sexuelle Energie steigern und euch näherbringen. Zur Steigerung könnt ihr leicht bekleidet oder sogar nackt sein.

Gegenseitiges Verwöhnen: Nehmt euch Zeit, um euch gegenseitig und mit Hingabe zu verwöhnen. Das kann von einer entspannenden Fuß- oder Nackenmassage bis hin zu sinnlichen Küssen reichen.

Übungen & Techniken

ZU ZWEIT

Verbindung mit der Natur: Verbringt, oder noch besser genießt, zusammen Zeit in der Natur, um eure Verbindung zu vertiefen. Das muss nicht erst bis zum nächsten Urlaub warten. Schaut gemeinsam einen Sonnenuntergang auf der Terrasse, tanzt zusammen Mondlicht, spürt die Erde unter euren Füßen und lässt die natürliche Schönheit eure Herzen öffnen.

Sinnliche Überraschungen: Überrascht einander mit sinnlichen Gesten. Verwöhnt euch mit einem liebevoll zubereitetem Essen an einem romantisch gedeckten Tisch oder dem Lieblingsdessert oder einer duftenden Umgebung. Diese kleinen Gesten bringen Wärme und Freude in euren Beziehungsalltag.

Yoni Tantra: Wenn ihr die Intimität weiter vertiefen und spirituelle Verbindung erleben möchtet, kann das Erlernen von Yoni Tantra eine wunderbare Möglichkeit sein. In einem Yoni Tantra-Kurs könnt ihr euch in die Welt tantrischer Praktiken vertiefen und eure Intimität auf eine höhere Ebene heben. Mehr dazu findest du auf meiner Webseite.

Intimität geht über körperliche Berührung hinaus.
Es geht um das Teilen von Gedanken,
Träumen und Ängsten. Wenn wir uns
öffnen, wachsen Beziehungen.

@miss_yonimagie

Ich gehe für mich.

Action Steps

1

Stärke deine Beziehung, indem du täglich bewusst Zeit mit deinem Partner verbringst, um eure Gedanken, Gefühle und Erlebnisse zu teilen. Dies schafft ein unsichtbares Netz, das euch dauerhaft miteinander verbindet und eure emotionale Bindung stärkt.

2

Kreiert bewusst wertvolle Momente des gemeinsamen Erlebens im Alltag, um eure Verbundenheit zu stärken. Ob romantische Nächte, Wandern oder Rätsellösen - diese Augenblicke werden eure Verbindung erblühen lassen.

3

Gebt euch ein Ziel, fernab von Erwartungen und Druck, die körperliche Intimität zu erfahren. Erkundet einander ohne den Fokus auf Kopulation. So können neue Türen der Verbindung geöffnet und vertieft werden.

Ich schenke mir selbst eine warme
Umarmung voller Selbstliebe
und Akzeptanz.

Ressourcen und weiterführende Literatur

DAS YONI MAGIE BUCH

Es ist an der Zeit, unsere magischen Kräfte zu entfesseln und in eine Welt voller Wunder und Geheimnisse einzutauchen, um unser wahres Selbst zu finden. Nimm das YONI MAGIE BUCH zur Hand und lass dich verzaubern.

Dieses Buch ist in allen Online-Buchhandlungen erhältlich, auch als E-Book.

Wage den Schritt und öffne dein Herz für die Magie, die in dir schlummert.

YONI INNER CIRCLE MEMBERSHIP

Die Mitgliedschaft ist der Schlüssel zu einem Pfad der Erleuchtung. Monat für Monat enthüllt sie neue Inspirationen, meditative Praktiken und Werkzeuge für deine Reise zur Selbstverwirklichung.

Als Mitglied wirst du Teil einer Gemeinschaft von Frauen, die ähnliche Interessen verfolgen, und profitierst von exklusiver Unterstützung wie Feedback-Calls, Yoni-Segnungen und Vollmond-Livestreams, Zugang zu zauberhaften Audios,
Meditationen sowie weiteren Tools.

yonimagie.com

Ressourcen und weiterführende Literatur

Du findest hier eine Zusammenstellung von weiteren Ressourcen, die dir helfen können, dein Wissen über Yoni Wellness, Weiblichkeit und Achtsamkeit zu vertiefen.

PODCAST

Hör oder schau in meinen Podcast rein. Überall, wo es Podcast gibt.

SOCIAL MEDIA

Vernetz dich mit mir auf Instagram: @miss_yonimagie und hol dir weitere Inspirationen.

LESESTOFF

- von She, Silvia: *Yoni Magie Magazin*
- Riedl, Michaela: *Yoni Massage*
- Cremer, Yella: *Yoni Massage*
- Black, Klara: *Schattenarbeit*
- Keck, Teresa: *Yoni Steaming*

Hier ist der Link zur Membership, zum Yoni Tantra und all meinen aktuellen Angeboten & Workshops:

Take "The Moon of Love" Workshop

Erforsche die Praktiken von Zyklen und Energien und lerne, wie du das Potenzial der Mondin und Tagesenergien für dein Unternehmen und deine Ziele nutzen kannst. In diesem persönlichen Workshop-Erlebnis wirst du im Fluss sein und Leichtigkeit erfahren, um dein Strahlen und deine Energie zu erweitern.

Dieser DIY-Workshop ist der perfekte Start in die Welt des ZYKLUSBEWUSSTSEIN und gibt dir sofort den Anstoß, dein Wissen in die Tat umzusetzen. Mit einer bewährten Methode wirst du schnell ein tiefes Verständnis erlangen und langfristige Erfolge erzielen. Dieser Workshop wurde speziell für Frauen entwickelt, die viel zu tun haben, damit du dein volles Potenzial entfalten kannst.

JOIN THE COURSE

Was andere Frauen sagen...

★★★★★

Kairin sagt:

Dieser Workshop beinhaltet nicht nur viel Wissen, sondern auch viel Weisheit, Freude und hat bei mir ein wohliges Gefühl hinterlassen. Habe mich komplett verbunden und gehalten gefühlt. Ich weiß nun, wie ich die Mondphasen nutzen kann, um mehr im Einklang zu sein mit meinem Körper und meiner Energie, um somit auch gezielter die verschiedenen Phasen in meinem Businessalltag zu meistern. Danke für deine herzliche Art und all die Magie.

★★★★★

Verena sagt:

Dein Kurs ist so wertvoll für alle Frauen, die sich mehr Leichtigkeit und mehr Flow wünschen, die magnetischer werden wollen, um andere Menschen in ihr Leben zu ziehen, ob Männer, Frauen, ihre Traummitarbeiter oder ihre Wunschkunden etc. Ich habe mir sehr gern die Struktur, deinen klaren Plan mitgenommen, wie ich selbst im Einklang mit der Mondin meine Intuition leben und mich noch mehr in den Flow begeben kann. Durch die Übung, welche du sehr sanft und einfühlsam angeleitet hast, durfte sich ein sehr wichtiges Thema lösen. Dafür danke ich dir von ganzem Herzen.

Kopiervorlagen

Daily
Checklist

Dieser positive Gedanke
darf mich heute begleiten:

☐ Morgendliche Meditation

☐ Entspannte Bewegung

☐ Zeit für mich

☐ Achtsame Ernährung

☐ Selbstreflexion

☐ Gute Nacht Routine

Welche neuen Gewohnheiten möchte ich in den nächsten
kommenden Wochen etablieren?

_____

_____

_____

Wochenplaner

MONTAG

DIENSTAG

MITTWOCH

DONNERSTAG

FREITAG

SAMSTAG

(SONNTAG)

Monatsplaner

MONTAG	DIENSTAG	MITTWOCH	DONNERSTAG	FREITAG	SAMSTAG

Notizen:

Habit Tracker

"Our habits shape who we are."

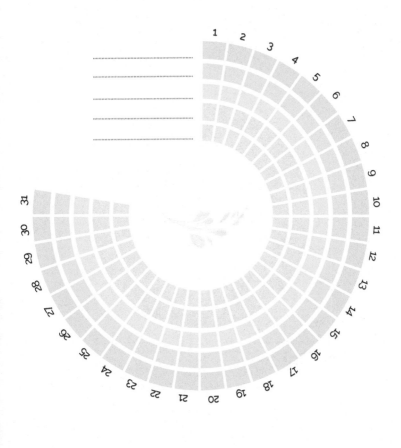

....
(Monat)

Habit Tracker

"Our habits shape who we are."

MORGEN-MEDITATION

○○○○○○○
○○○○○○○
○○○○○○○
○○○○○○○
○○○

ENTSPANNTE BEWEGUNG

○○○○○○○
○○○○○○○
○○○○○○○
○○○○○○○
○○○

ZEIT FÜR MICH

○○○○○○○
○○○○○○○
○○○○○○○
○○○○○○○
○○○

ACHTSAME ERNÄHRUNG

○○○○○○○
○○○○○○○
○○○○○○○
○○○○○○○
○○○

SELBST-REFLEXION

○○○○○○○
○○○○○○○
○○○○○○○
○○○○○○○
○○○

GUTE-NACHT-ROUTINE

○○○○○○○
○○○○○○○
○○○○○○○
○○○○○○○
○○○

○○○○○○○
○○○○○○○
○○○○○○○
○○○○○○○
○○○

○○○○○○○
○○○○○○○
○○○○○○○
○○○○○○○
○○○

○○○○○○○
○○○○○○○
○○○○○○○
○○○○○○○
○○○

Checkliste
Menstruationszyklus und Ausfluss
Eine Übersicht

Menstruations-phase (Tage 1-5)

Ausfluss: Dunkelrot bis braun, oft dickflüssig

Begleitende Symptome: Menstruationsblut, Müdigkeit, mögl. Unterleibsbeschwerden, Krämpfe

Follikel-phase (Tage 6-13)

Ausfluss: Klare oder milchige Konsistenz

Begleitende Symptome: Anstieg der Libido, höhere Energie

Ovulations-phase (Tage 14-16)

Ausfluss: Ähnlich der Follikelphase, kann klarer und "spinnbarer" sein

Begleitende Symptome: Steigerung der Fruchtbarkeit, Ziehen bis leichte Bauchschmerzen

Luteal-phase (Tage 17-28)

Ausfluss: dick, cremig, manchmal weißlich oder gelblich

Begleitende Symptome: mögliche PMS-Symptome, Brustspannen

3-DAY FOOD JOURNAL

			DATUM: / /
MAHLZEIT	TAG 1 _ _ _ _ _ _	TAG 2 _ _ _ _ _ _	TAG 3 _ _ _ _ _ _
FRÜHSTÜCK (BZW. ERSTE MAHLZEIT)			
SNACKS			
MITTAG (BZW. ZWEITE MAHLZEIT)			
SNACKS			
ABENDESSEN (BZW. DRITTE MAHLZEIT)			
NOTIZEN			

Thank you!

Deine Offenheit ist von unschätzbarem Wert und ich danke dir zutiefst dafür. Unsere Reise kann hier jedoch noch nicht enden. Ich freue mich auf weitere Zusammenarbeit mit dir und lade dich nun ein, exklusives Mitglied im Yoni Inner Circle zu werden. Als Mitglied erhältst du Zugang zu magischen Audio-Meditationen, Yoni Segnungen und vielem mehr. Stelle all deine Fragen und tauche noch tiefer in das Geheimnis deiner sinnlichen Weiblichkeit mit mir ein.

Scan me

Falls du eine ganz individuelle Begleitung wünschst, kontaktiere mich gern, um mehr zu erfahren.

Kontakt:

yonimagie.com
kontakt@yonimagie.com

Meine Notizen

Meine Notizen

Meine Notizen

Meine Notizen

Meine Notizen

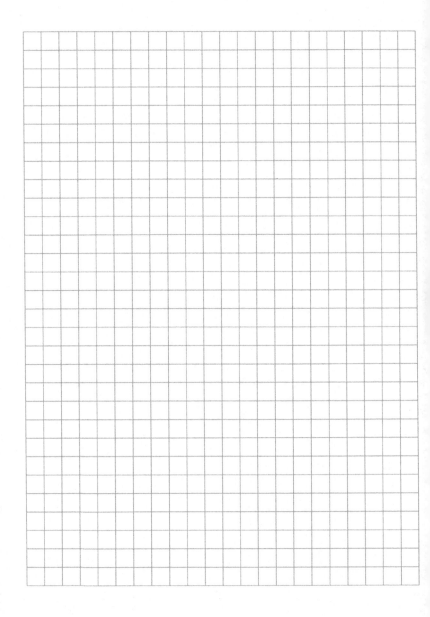

Meine Notizen

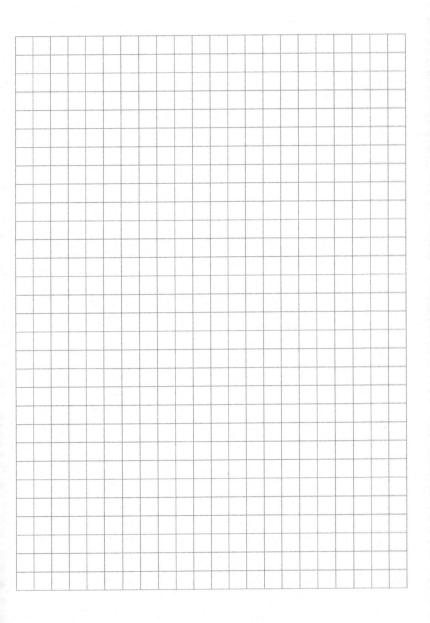

Printed in Great Britain
by Amazon